U0135080

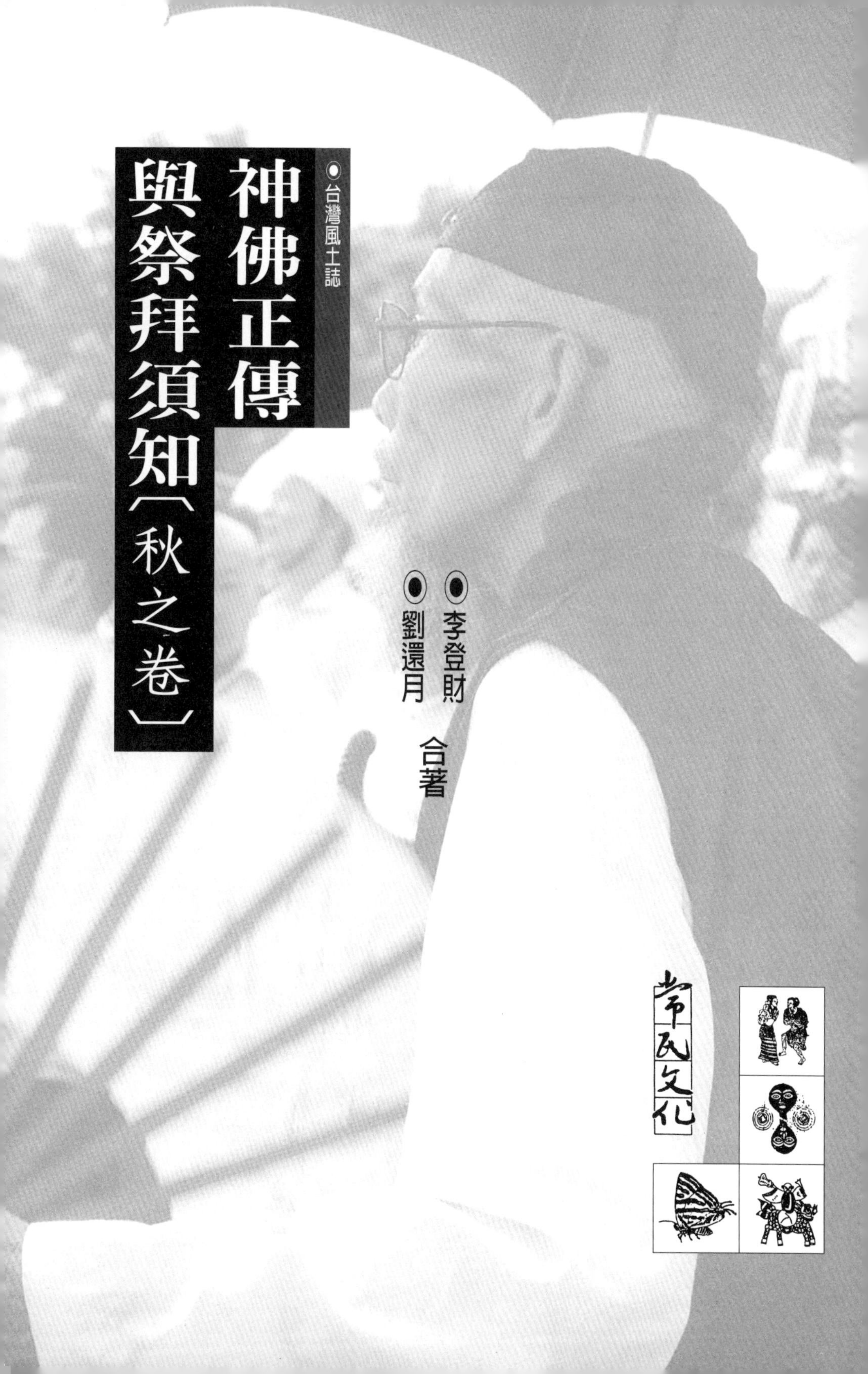

●台灣風土誌

神佛正傳與祭拜須知（秋之卷）

●李登財
●劉還月
合著

常民文化

從《神佛正傳》到《新神佛正傳》

——《神佛正傳與祭拜須知》劉還月序

《神佛正傳》這個節目以釋迷解惑的角度，
深入淺出地探討民間俗信與信仰的問題，
而非以怪力亂神或是提倡妖惑迷信來吸引觀眾，
同時這個節目也是許多人認識台灣宗教，
與民間信仰的知識寶庫。

電子媒體開放以來，邀我上節目的人相當多，不管熟不熟識，總感覺受邀與被邀者，只是短暫的雇傭關係，「銀貨兩訖」之後，又要等到下一次有需要，才會有再接觸的機會。

李登財先生，原本也是一個邀我上節目的人，當時他在一個有線電視台，主持《神佛正傳》的節目，爲了怕我不肯上節目，他還特別要助理拷貝了一捲這個節目的影帶，要我一定看完，那時候我正忙著許多研究計劃，並沒有仔細看，加上對有線電視台充斥的怪力亂神節目不以爲然，因此雖然在盛情難卻的情況下上節目，但心裡暗自決定：僅此一次，下不爲例。

錄影完成之後，李登財先生又拷貝了一捲該集的節目帶給我，這回，我花了比較多的時間看了，並且發現這個節目並不像一般節目，以怪力亂神，或者提倡妖惑迷信，藉以吸引觀眾，反而是以釋迷解惑的角度，深入淺出地探討民間俗信與信仰的問題。當時對於李登財先生製作主持的節目，就已有了較不同的看法，但自己的工作實在太多，雖然答應有機會繼續上節目，但能夠去參加的機會實在不多。

不久之後，《神佛正傳》結束了，李登財先生換了一家電視台，製作的新節目叫做《台灣封神榜》。名字改了，也邀請了唐美雲小姐加入主持陣容，但節目型態和主要精神並沒有太大的改變。同樣的節目，被迫換台製作，當然是有不足爲外人道的原因。不過李登財不願說，只是依舊熱情地邀我上節目，只是這時候我更忙了，忙著自己在製作《台灣地平線》的電視節目，參加這個節目的機會反而更少，倒是許多觀眾朋友關心我，問我爲什麼不再上這個許多人都愛看的節目？

透過觀眾的反應，我更清楚在常民百姓的心目中，無論是《神佛正傳》或者《台灣封神榜》，不僅是許多人認識台灣宗教與民間信仰的知識寶庫，節目不提倡迷信，不鼓勵怪力亂神的態度，更是贏得許許多多觀眾肯定的最主要原因。

一九九九年九二一大地震之後一個月，我拖著疲憊的身體，以及對政府效率和態度徹底絕望的心情，回到台北。萬念俱灰之際，又接到《台灣封神榜》的邀請，我應約上了節目，還要求李登財先生派外景小組去記錄、關懷災區的人民與信仰，李登財一口答應了，此後約有半年的時間，《台灣封神榜》每集都有地震受災寺廟的相關報導，更在節目中大聲疾呼，希望觀眾踴躍捐款，協助許多地方信仰中心重建。

這樣的變化，不僅開啓了我每一集都固定擔任民俗解說員角色的契機，也正式展開了我和李登財先生以及製作小組之間的友誼，只要有機會，我都很樂於提供許多觀念或想法，給節目製作小組做參考，我們也希望成立基金會，爲台灣民間信仰的正信與推廣盡一份力。沒想到，又一次突如其來地遭受到電視台的打壓，節目停止錄製，連說再見的機會都沒有。

弱勢的人，眞的連怨嘆老天爺不公平的機會都沒有嗎？

做了八年《神佛正傳》系列節目的李登財，就因爲理念的堅持，突然之間就變得一無所有，這種際遇，還眞像我爲台原出版社打拚了七年，最後還是一無所有地離開！

一無所有之後，我們只能重新再來！

李登財找到了歐朋電視台，這是一個非常古老的有線電視台，卻也幾乎完全被觀眾遺忘的電視台。幸好，過去那麼多年來，和他一起打拚的朋友，沒有人會嫌棄這個電視台的過去，反而都願意和他共同去打天下！

《新神佛正傳》在這裡復活了，由李登財、唐美雲和劉還月共同擔綱，依舊堅持理念，同樣堅持提倡正信，同樣爲觀眾解疑釋惑，爲了突破舊有的風格，更開放了觀眾參加錄影，並且現場提出問題，大家共同討論溝通。

我們不只希望把節目做得更好，還要更進一步設立可以弘揚理念的「神佛正傳道場」，以及成立社團法人組織的「台灣民間信仰總會」，以透過組織的方法，來宣揚民間信仰的力量。同時，也集合了李登財和劉還月兩人長久以來整理、撰寫有關於神佛由來，以及祭祀風俗的文字，整理出四本一套的《神佛正傳與祭拜須知》，交由常民文化出版，這四本書主要的內容，都是過去在《神佛正傳》、《台灣封神榜》，以及二○○○年起，在歐朋電視台播出的《新神佛正傳》的精采內容。過去有許許多多的觀眾朋友，一再希望電視上播出的精采內容，能夠有機會獲得，如今我們把所有的劇本重新整理，並加入許多新的資料，成爲這四本認識台灣的神佛與信仰祭祀的寶典。這不只是每一個台灣家庭必備的生活寶典，更可以典藏傳世，光耀台灣文化。疼惜台灣的新台灣人，每個家庭都應該擁有一套，做爲留給後世子孫的傳家寶！

神佛正傳與祭拜須知〔秋之卷〕目錄

《神佛正傳》這個節目以釋迷解惑的角度，深入淺出地探討民間俗信與信仰的問題，而非以怪力亂神或是提倡妖惑迷信來吸引觀衆，同時這個節目也是許多人認識台灣宗教，與民間信仰的知識寶庫。

第一輯　神誕與祭祀

在秋高氣爽的季節裡，
浪漫又悲情的牛郎織女傳說，
弘揚孝道的目蓮故事，
及忠貞愛國的鄭成功、朱一貴等，
皆為民俗祭祀的重點節目。

秋天的祭典隨氣候變化而不同，
七月立秋普渡、八月白露中秋、九月寒露重陽，
民間趕集籮筐會、秋收演劇謝神明，
還有各種文化祭禮、王船醮以送瘟，
因敬獻對象不同，所用的金銀紙也有差別。

第二輯　神佛正傳

農曆七月七日，俗稱七夕，
相傳是牛郎織女鵲橋相見的日子，
也是漢族最浪漫的情人節。
織女正是民間所崇拜的七星娘娘，
祂護佑著所有孩童平安長大。

魁星爺為民間奉祀的五文昌之一，
與文昌帝君、關聖帝君、朱夫子、岳武穆齊名，
其左腳翹起右腳踏鰲的造型，象徵「獨佔鰲頭」。
時至二十世紀末期，魁星會雖已不復見，
但每逢考季，祂仍是讀書人崇拜的對象。

第一輯　神誕與祭祀

秋高氣爽崇神佛

——秋天的神明壽誕與迎神賽會

在秋高氣爽的季節裡，
浪漫又悲情的牛郎織女傳說、
弘揚孝道的目蓮故事，
及忠貞愛國的鄭成功、朱一貴等，
皆爲民俗祭祀的重點節目。

一般說來，台灣民間信仰中所崇祀的主神，都有相當完整的事迹，在時間的累積下，逐漸增加神明至高無上的莊嚴性。不過也有某些神明，是借著某些特殊的因素，再透過民間傳說的大肆宣揚，才變成神明的，而這些「創造」神明的特殊因素，包括了：心靈的空虛、經濟的力量、鬼怪的懼怕、政治的需要……等等。每一種不同的因素，都可能快速地「創造」出許多神明，這也就難怪台灣的民間信仰中，爲什麼會出現許許多多千奇百怪的神明了，像是斬妖除蛇的法主公、淵源甚早的龍神、大戰五王爺的萬善爺囝仔公、神名怪異的敵天大帝、法力高強的二郎神、佛教護法天神四大天王、扶乩靈驗的廁神、信眾向心力極強的瑤池金母……等等。

另外，民間信仰中，生前以忠貞愛國得名者，不論是抵禦外侮的在朝忠臣，或是反抗統治者的前朝遺臣，後人必奉爲神祇，莫不建廟以虔誠之心來祭拜，像是高風亮節的開台聖王鄭成功、反清復明的小城隍朱一貴、忠烈殉國的寧靖王與五妃等。另外所謂百善孝爲先，以孝道感人的神明也是人們崇祀的對象，如入地獄救母的目蓮尊者和以孝得聖的廣澤尊王。

在台灣民間信仰中，王爺的信仰也是一種強勢信仰，遍佈台灣各地，甚至連和海無關的山區都有王爺廟的存在，如派別分歧的五府千歲、與海無關的丁府八千歲、台灣鄉土神馬府千歲、總管船隻的王爺總趕公……等

▲中元普渡是全台各地最為重視的民俗活動之一。

等。當然在秋高氣爽的季節裡，也還是有很多保佑人們在各方面成功順利的守護神，有些神明的由來更充滿美麗的傳說，好比中秋月圓浪漫旖旎的太陰星君，其他如兒童的守護神七娘媽、保佑金榜題名的魁星爺、專牽紅線的月下老人、帶來瘟疫或者賜給人們「午時水」的五瘟神、盡渡眾生的地藏王菩薩、讀書人所拜的朱衣星君朱熹……，在人們心中都有根深柢固的影響。

而台灣的民俗宗教，特點之一就是自然崇拜，如果透過科學的方法來檢驗民間信仰中的自然崇拜，每一樣都會解釋成爲迷信，但如果從信仰的態度以及信仰緣起的角度來看，民間信仰中的自然崇拜，卻是最具有敬畏天地、惜生愛命觀念的一種信仰，所以有眾星之母的斗姆元君，屬星宿自然崇拜的五斗星君，流傳甚久的二十八星宿……；此外，人們爲表對動物之感念，也會崇祀動物神，像是北海岸的十八王公，就是表彰義犬之忠烈。

除了上述的神明之外，且看秋天還有那些神明的熱鬧祭典：

▲八斗子海邊放水燈普渡水中孤魂，是基隆中元祭的特色之一。

鬼月的神誕與民俗祭典

農曆日期	各地神誕與祭典
七月初一	【開鬼門】各地有應公廟都要舉行開鬼門儀式，以示鬼月到來。【安置普渡公燈】南部地區於開鬼門之期，家家戶戶開門便要擺置普渡公燈，以方便孤魂野鬼往來。地點：台南、高雄、屏東、宜蘭等地區。【雞籠中元祭】時間長達一個月，至八月初一，基隆市慶安宮，02-24287197。【土城普渡會】台北縣土城市承天禪寺爲期一個月的地藏普渡法會，02-22601789。【丁府八千歲祭】爲台西丁姓人家守護神，詳洽：雲林縣台西鄉山寮村濟陽府。【林口趕集】、【路邊阿彌陀佛祭】、【鎮海將軍祭】、【山海鎮神祭】。
七月初二	【三寮灣普渡】台南縣北門鄉三寮灣東隆宮，詳洽：06-7850135。【新埔普渡】新竹縣新埔鎮的新埔街上，在七月初二由街頭伯公所主導的新埔普渡法會。【做牙】、【祭地基主】。
七月初三	【輪流普渡】傳統社會中，各村里都採輪流普渡的方式，各村於不同的時間普渡孤魂野鬼。
七月初四	【芎林普渡】新竹縣芎林鄉柵門口。【三灣義民節】苗栗縣三灣鄉永和村褒忠祠，詳洽：037-832120。
七月初五	【大里七將軍祭】台中縣大里市七將軍廟，04-22628865。

七月初六	【慶祝城隍爺聖誕】本日起一連做戲三天。地點：苗栗市牛市街城隍廟，詳洽：037-321184。【如意娘娘祭】大陳人祭祀的海神，祭典儀式特殊，地點：台東市富岡社區海神廟，詳洽：089-281322。【張天師例祭】高雄縣杉林鄉木梓村奉天宮。
七月初七	【七巧節】昔日婦女必於此日備針線、胭脂、鏡子、圓仔花等祭拜織女。【境主公（地主神）誕】台灣各地的境主公神誕之期相當不統一。【魁星會】七夕夜文人雅士的特別聚會。【七娘媽生，做十六歲（成年禮）】祭拜七娘媽，並焚燒七娘媽亭，台南市中山路開隆宮，06-2212137；安平媽祖廟。【拜床母】家有未滿十六歲孩子者，必須備床母經敬拜。【七夕・情人節】。
七月初八	【新竹普渡會】新竹市西門街內天后宮，03-5224452。【關西萬善爺祭】新竹縣關西鎮北山里店仔崗萬善爺，03-5873551。【萬花祈福祭】台北市內湖區瑞光路台北花市，舉辦日期不定，詳洽：花卉產銷公司，02-26595729。
七月初九	【孤棚祭】台南市安平靈濟殿，於每年普渡前，都要搭孤棚暨孤棧普渡孤魂野鬼，為台灣地區極少數保有古俗的普渡活動，值得一觀。
七月初十	【富崗普渡】桃園縣楊梅鎮富崗集義祠每年中元普渡由八大庄輪值，是富崗地區規模最大的大拜拜，除了演戲酬神之外，還有大豬公比賽。詳洽：富崗集義祠，03-4722694。【南鯤鯓普渡】台南縣北門鄉南鯤鯓代天府，06-7863711。【張顯靈公生】。

七月十一	【大龍峒普渡】（今起連續二天），台北市大龍峒保安宮，02-25951676。【新竹大眾爺出巡】新竹市區，詳洽：南星宮，03-5261363。【金錦山義民節】新竹縣關西鎮金山里金錦山義民亭。
七月十二	【艋舺普渡】（今起連續二天），台北市萬華祖師廟，詳洽：02-23711517。【新埔二十七公墓祭】新竹縣新埔鎮新星國小旁萬善堂。【新竹牽血轎】新竹市南星宮新大眾爺廟，03-5244428。
七月十三	【大勢至菩薩聖誕】各地佛寺備鮮花素果祭祀之。【軒轅黃帝祭】軒轅教祭拜黃帝之期。【羅眞人祭】羅眞人又稱羅祖，爲美髮、理髮業的祖師爺之一。【新莊普渡】（今起連續三天），台北縣新莊市慈祐宮，詳洽：02-29923293。【北港普渡】雲林縣北港鎮北港朝天宮，詳洽：05-7832055。【新屋放水燈】桃園縣新屋鄉長祥宮，詳洽：03-4773866。【湖內普渡】高雄縣湖內鄉民族路普濟宮，詳洽：07-6931180。
七月十四	【拜轎腳媽】台北市大龍峒保安宮下午舉行牽水轎法會，詳洽：02-25951676。【雞籠中元祭放水燈】基隆八斗子海邊，入夜後有花車遊行、陣頭、藝閣表演等等，非常熱鬧。午夜之後，才舉行放水燈儀式。詳洽：基隆市政府民政局，02-24201122。【高雄普渡】高雄縣湖內鄉中賢村慈濟宮，07-6994154；高雄縣林園鄉進發宮，07-6412874。【新屋普渡】祭祀圈有十四大庄，七年一輪並舉行大神豬比賽。詳洽：桃園縣新屋鄉長祥宮，03-4773866。【鹿港都天元帥祭】

	彰化縣鹿港鎮天師宮。【朴子通天教主祭】嘉義縣朴子鎮德家里吉安宮。【草屯祭卸史太師】南投縣草屯鎮卸史里中埔公路旁林太師廟。
七月十五	【中元地官赦罪大帝聖誕】年過一半，人們難免會碰到一些不如意的事，甚至有人無意間犯了錯，因此地官大帝乃爲赦罪而來，如此人民的內心就能夠重新獲得安定的力量，繼續爲下半年打拼。【中元普渡】人們以普渡孤魂野鬼的方式，祈求赦罪與消災，因此全國各地的中元普渡法會都相當盛大，且各具有地方特色。【祭拜老大公】基隆市老大公廟，中元普渡醮祭是追念一百三十多年前，先民不滿西班牙等異族的入侵基隆，基於義憤，群起抗暴而不幸捐軀的烈士，由於這一百餘具殘骸均無法獲悉其姓名，乃以「老大公」稱之。【跳鍾馗】是中元祭典裡較少爲人知曉的一項儀式。由於煞氣很重，通常要在深夜時候，約莫十一時才舉行。【客家中元祭】苗栗縣頭份鎮仁愛里中山路義民廟；南投縣國姓鄉乾溝義民祠，049-2723185；南投縣國姓鄉南港褒雄宮，049-2451952；高雄市三民區褒忠街義民廟；花蓮縣鳳林鎮中美路鳳林壽天宮，038-762467。【澎湖三十人公祭】澎湖縣白沙鄉後寮村南浦廟。【中元搶孤】屏東縣恆春城西里天后宮（並非每年舉辦，請先洽詢08-7325432）。【林口趕集】、【路邊阿彌陀佛祭】、【鎮海將軍祭】、【山海鎮神祭】。
七月十六	【土庫崙內蔡元帥祭】雲林縣土庫鄉少林宮，詳洽：05-6653858。【龍井出陣頭】台中縣龍井鄉中央路三姓公廟。【做牙】、【祭地基主】。

七月十七	【觀音普渡】（連續三天），桃園縣觀音鄉保障宮，詳洽：03-4830256。【中港放水燈】苗栗縣竹南鎮中港慈裕宮，詳洽：03-7462353。
七月十八	【瑤池金母壽誕】花蓮縣吉安鄉花蓮慈惠堂，03-8531941；花蓮勝安宮，03-8528658；台中縣太平鄉威天慈惠堂；台中縣大肚鄉和興宮，詳洽：04-26992494；台中縣龍井鄉龍鳳宮，04-26358549；高雄鄉大寮鄉王母宮，仁武鄉慈惠堂，大社鄉朝宸宮。

▲六堆義民祠秋祭，每年都以三獻禮祭祀，簡單隆重。

▼普渡公燈為夜行的好兄弟照明，二十世紀末期僅台南、高雄兩縣延續此習俗。

七月十九	【花蓮義民節】花蓮縣吉安鄉稻鄉村褒忠忠義堂，03-8526366；農曆十九日起一連二天，地點：花蓮縣富里鄉竹田義民亭，詳洽：03-8821022。【義民節放水燈】新竹縣新埔鄉義民廟，03-5882238；桃園縣平鎮市褒忠祠，03-4932246；桃園縣中壢市仁海宮，03-4523356。【一貫道師尊（張天然祖師）聖誕】台南縣南化鄉玉山村寶光聖堂，詳洽：06-5772229。【甲仙油礦巷義民節】高雄縣甲仙鄉油礦巷義民廟。【參贊堂義民節】南投縣埔里鎮一新里永興路眞元宮參贊堂，049-2932450。【太歲星君生日】。
七月二十	【客家義民節】北部客家人最重要的盛典，由桃竹苗十六聯庄輪流舉行普渡義民爺大典，詳洽：新竹縣新埔鄉義民廟，03-5882238。【桃園義民節】桃園縣平鎮市宋屋義民廟。【褒忠義民祭】高雄縣旗山鎮旗美義民廟；高雄縣甲仙鄉褒忠亭。【中寮義民節】南投縣中寮鄉永平村中寮義民廟，049-2961434。【花蓮義民節】花蓮縣吉安鄉永興褒忠義民堂，03-8527195。【中壢普渡】桃園縣中壢市延平路仁海宮，03-4523356。【普庵祖師誕】。
七月廿一	【大士爺普渡】嘉義縣民雄鄉中樂村大士爺廟，05-2261464。【清水普渡】台中縣清水鎮大街路紫雲巖，詳洽：04-26225500。
七月廿二	【增福財神慶】增福財神爲財神信仰中的一支，多爲中國北方的人民祭拜，台灣的移民以中國南方人爲主，故增福財神（一紅臉，一白臉，即文、武二財神）的信仰並不廣。

七月廿三	【法主公祭】高雄縣橋頭鄉法主宮。【仙爺祭】新竹縣寶山鄉山湖村仙爺廟。【大士爺祭】南投縣竹山鎮正覺寺，049-2643367。【南迴亡魂碑例祭】南迴公路安朔段亡魂紀念碑。【孔明先師祭】南投縣魚池鄉中明村啓示玄機院。
七月廿四	【冬山拜河堤】宜蘭縣冬山鄉鼻頭溪畔大埤、松樹門、鹿埔、茅埔城等地，居民祭拜河堤，感謝河堤守護人民生命財產的安全。【大湖義民節】前一日到新竹、苗栗城隍廟請神，本日做普渡法會。地點：苗栗縣大湖鄉靜湖村新頭圍昭忠塔。詳洽：037-991421。【大湖祭羅福星】苗栗縣大湖鄉昭忠塔，03-7991421。【龍樹菩薩聖誕】。
七月廿五	【齊天大聖例祭日】孫悟空的慶典，各地齊天大聖廟都有祭典。
七月廿六	【烏日普渡】台中縣烏日鄉五光村福源堂，詳洽：04-23372370。
七月廿七	【跳鍾馗】七月底關鬼門之前，爲了避免孤魂野鬼留駐人間，禍害人們，許多寺廟都會請道士跳鍾馗，以驅逐孤魂野鬼，由於煞氣很重，通常在深夜舉行。【旗美義民節】舉行一連三天的普渡活動，地點：高雄縣旗山鎮旗美褒忠義民廟，詳洽：07-6613258。
七月廿八	【大稻埕普渡】台北市迪化街大稻埕一帶的商家熱鬧普渡。【宜蘭新生帝王廟普渡】宜蘭市北津里北津路，039-322657。【燕巢普渡】高雄縣燕巢鄉角宿村天后宮，07-6161614（七月二十八或二十九日）。【普渡公祭】彰化縣北斗鎮元市街普渡公壇。

七月廿九	【卓蘭軍民廟祭】苗栗縣卓蘭鎮坪林產業道路旁的昭忠廟，詳洽：卓蘭鎮公所民政科，04-5892101。【地藏庵普渡】台北市萬華區西昌街地藏庵；台北縣新莊地藏庵，02-29916678。【新埔義勇廟祭】新竹縣新埔國小旁義勇廟。【旗美義民廟祭】高雄縣旗山鎮旗美義民廟，07-6613258。【二林盧三公誕】彰化縣二林鄉北平里司察堂。
七月三十	【關鬼門】七月底最重要的活動，就是把任意在人間遊蕩一個月的孤魂野鬼，全都趕回陰曹地府去，之後便可接著關鬼門。【地藏王祭】地藏王曾言「地獄不空，誓不成佛」，後來也就成了掌理地獄之佛，民間祭地藏王，以感念他犧牲自我的精神。【跳鍾馗送孤】普渡之後，許多地方都會請戲班扮跳鍾馗以送走孤魂。【鳳山普渡】高雄縣鳳山市雙慈亭，07-7468637。【搶孤】（並非每年舉辦，請先洽詢）宜蘭縣頭城鎮，詳洽：頭城鎮公所。

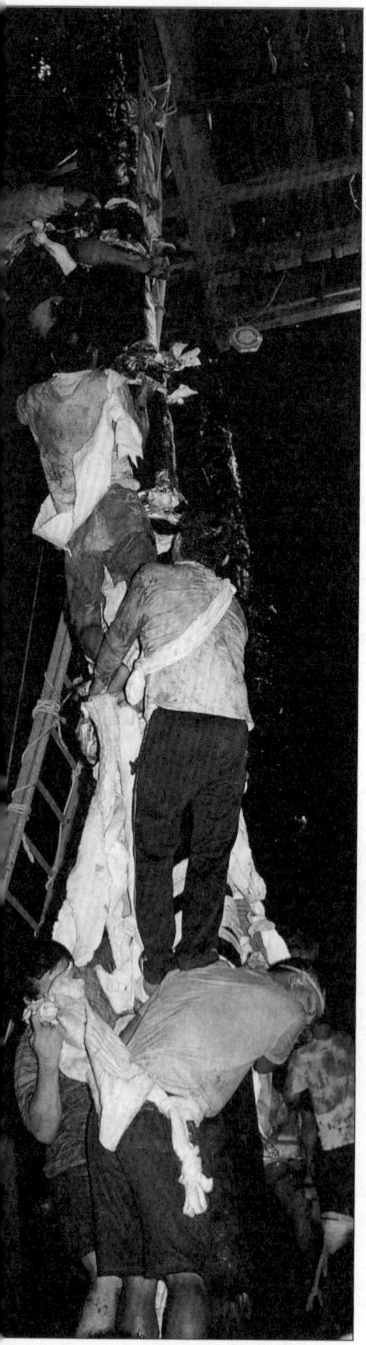

▲恆春中元搶孤，每逢鼠、牛、虎及馬、羊、猴年才舉辦。

桂月的神誕與民俗祭典

農曆日期	各地神誕與祭典
八月初一	【客家人大清明】客家人採鼠麴草做粄，完全和「清明粄」一樣。【撿骨】一般柩葬屍骨，需要擇地改葬的，大多在這一天，掘骨清洗裝罐，擇吉放入祖塔。【算會】各姓祖祠、公嘗在這天會集族內子弟祭祀祖先，算清一年來的祖嘗會份。【天師府拜斗】台北市大龍峒天師府，詳洽：02-25956499。【新竹普渡】新竹市東門街東寧宮，03-5233257。【豐原義塚祭】台中縣豐原市埤仔頭義塚。【歸仁乞龜】台南縣歸仁鄉代天府，詳洽：大廟村活動中心，06-2711794。【陰陽公普渡】台南市公園路陰陽公廟。【林口趕集】、【路邊阿彌陀佛祭】、【鎮海將軍祭】、【山海鎮神祭】。
八月初二	【做伯公福】農曆八月人們開始感恩酬神，因此各地祭土神的例子愈來愈多，大多是為了酬謝而來祭祀的，客家地區則謂「做伯公福」，地點：東勢上埔庄頭伯公，台中縣東勢鎮興隆里永安宮對面巷內；屏東縣萬巒鄉南進路，萬巒開庄伯公。詳洽：08-7811471。【灶君夫人生】各地灶君廟有祭典。【做牙】、【祭地基主】。
八月初三	【灶君爺聖誕】新竹縣竹東鎮的五指山灶君廟；宜蘭縣五結鄉的省民堂灶君廟，039-506868。【北斗星君（司命正君）聖誕】位於高雄市苓雅區的安瀾宮在今

	日盛大慶祝北斗星君聖誕，詳洽：07-3352378；花蓮玉里協天宮，03-8882252。【嘉義迎城隍】嘉義市城隍廟，05-2228419。【吳鳳例祭】嘉義縣中埔鄉吳鳳廟。【萬華石敢當廟祭】台北市萬華區德昌街。
八月初四	【靖忠元帥祭】台南縣永康市大橋村英靈廟，詳洽：06-2322540。【神農大帝祭】高雄縣旗山鎮三協里三農宮。
八月初五	【雷聲大帝生】。
八月初六	【大埤麒麟公祭】全台僅見的麒麟公神位，其實應屬石敢當的一支，地點：雲林縣大埤鄉三吉村。【南北軒慶典】台北縣淡水鎮南北軒。【後龍大眾媽祭】苗栗縣後龍鎮媽靈宮，03-7921381。【楊府太師祭】台南縣佳里鎮通興里通興宮，06-7873154。
八月初七	【北嶽大帝祭】五嶽神之一，台灣民間較少祭祀。
八月初八	【東勢文昌祠祭孔】以分發智慧糖、智慧桃，取代傳統拔智慧毛的祭孔儀式，典禮簡單而隆重，獨樹一格。地點：東勢文昌祠，台中縣東勢鎮泰昌里東崎街文昌新村，詳洽：04-25873238。【彰化醒靈宮祭孔】全程用客家話進行簡單隆重的三獻祭孔儀式。地點：彰化縣竹塘鄉民靖村金山路。詳洽：醒靈宮，04-4972240。【神桃大會】台中縣和平鄉博愛村谷關大道院，詳洽：04-25951333。【斗六紫衣菩薩祭】雲林縣斗六鎮久安里三殿宮。【台南什家將祭】台南市正興街西來庵。

八月初九	【瞿眞人誕】台北市天水路瞿眞人廟。【高雄聖公媽祭】高雄市苓雅區萬應公廟，07-3343518。【土地公香期】（八月九日至八月十四日），台南縣白河鎮關仔嶺風景區南寮山區的崁頂福安宮，詳洽：06-6822725。
八月初十	【古時社祭】古代的春秋二祭在春間謂之春社，在秋間謂之秋社，一般習慣以立春與立秋之後的第五個戊日爲春秋二社之日。實際上古代在人們心目中的社神，無非是掌管本境福祿平安的守護神祇——土地神。古代時的春秋時日，鄉村間到處可見興奮熱烈的社祭活動，在購買豬羊牲禮以祭祀神祇之外，更盛張鼓樂，歌舞助興。自從台灣逐漸走向工業化之後，社祭與分胙等舊習已逐漸不爲人所重視，所賸下來的，似乎只有拜土地公這一項了。【三元宮做平安戲‧完福】桃園縣楊梅鎮三湖三元宮。祭祀圈包括富崗里、上湖里、三湖里及瑞源里的一部份，詳洽：03-4722857。
八月十一	【朱王爺香期】（八月十一至二十日），台南縣北門鄉南鯤鯓代天府，06-7863711；台南縣麻豆代天府，06-5722133。【淡水禮斗法會】（八月十一至十七日），台北縣淡水鎮中山里仙公廟。
八月十二	【四海龍王例祭日】古代主宰行船安危之神，台南市大天后宮，06-2227194。
八月十三	【三崇宮平安戲】於前一日備大鼓車隊邀請祭祀圈內各角頭廟神及土地伯公一同前來看戲。詳洽：桃園縣平鎮市三崇宮，03-4923027。【千眾爺祭】台南縣後壁鄉嘉田村千眾爺廟。

八月十四	【岡山籮筐會】高雄縣岡山鎮河華路，詳洽：岡山鎮公所民政局，07-6214193。【保力村土地公祭】屏東縣車城鄉保力村土地公。詳洽：車城鄉公所，08-8821001。
八月十五	【中秋節】民間傳統三大節日之一，家家戶戶敬備月光餅祭拜諸神。【秋祭土地公】各行各業秋祭土地公，酬謝一年來的庇佑。【祭月老，祈良緣】中秋夜拜月亮或月下老人，可祈得良緣。【太陰娘娘例祭】宜蘭縣員山鄉慈惠寺，詳洽：039-222302。【涼傘樹王公祭】台中縣大里市樹王村，詳洽：04-22613979；屏東縣里港鄉茄冬村；台中縣烏日鄉溪壩村茄冬王；台中市後龍里茄冬王；彰化縣北斗鎮斗苑路神棺公；台南市安南區十二佃農榕公。【善化六文昌祭】原爲五文昌帝君祭日，於八月上丁日舉行，後來善化人加入「台灣文獻初祖」沈光文爲六文昌，並固定於中秋節舉行三獻禮。【石頭公收契子】彰化市東門附近鎮東宮；台南市大天后宮。【朱府千歲聖誕】台南縣南鯤鯓代天府，詳洽：06-7863711。【鎮福社分新丁粄】高雄市左營區鎮福社，詳洽：07-5825439。【高雄籬仔內千秋府祭】高雄市籬仔內千秋府，詳洽：07-7519984。【木柵風動石公祭】木柵動物園對面，北碇路上。【里港茄苳尊王祭】屏東縣里港鄉武洛村。【龍虎二石碑誕】台東市新生里卑南大溪北岸石碑公。【基隆虎爺祭】基隆市祥豐街「信義堂」神壇的虎爺，深得許多演藝人員的崇祀。【林口趕集】、【鎮海將軍祭】、【山海鎮神祭】、【路邊阿彌陀佛祭】。

八月十六	【秋祭鄭國姓】彰化鄭氏家族的祭祖大典，遠祖就是鄭成功，地點：彰化市中山路國姓爺廟。【興元宮平安戲．完福】祭祀圈有八大里。打新丁粄、新婚粄還願謝神。地點：桃園縣中壢市後寮里興元宮，03-4583282。【台北新丁公祭】台北市新生北路新福宮，02-25631982。【城隍爺祭】宜蘭縣羅東鎮慈德寺。【李府王爺聖誕】台中縣大雅鄉永興宮，04-25661627。【澎湖金府王爺祭】澎湖縣馬公市德安宮。【伏義大帝祀日】、【做牙】、【祭地基主】。
八月十七	【福安宮全台歌唱比賽】（八月十七日至二十日），以歌唱大賽酬土地公，已有三十多年歷史。地點：屏東縣車城鄉福安村福安路，08-8821345。
八月十八	【彰化節孝祠秋祭】彰化市八卦山下節孝祠。【白河舉人公祭】台南縣白河鎮秀佑里舉人公廟。【九府仙師生】中國福建興化府渡海來台之移民的守護神。

▲中秋節月圓人團圓，除了吃月餅之外，烤肉也漸成為中秋夜的重點活動之一。

▼趕製月餅的糕餅師傅。

	【金母娘娘生】台中縣大肚鄉文昌路普恩寺，詳洽：04-26994142。【中軍府誕辰】台南縣北門鄉南鯤鯓代天府，詳洽：06-7863711。【埔心忠義廟祭】彰化縣埔心鄉義民村忠義廟。
八月十九	【小城隍公千秋慶典】國曆十月十日舉行。位於台南市開山路的小南里「小城隍公廟」，是全國少見主祀「鴨母王」朱一貴的廟宇。
八月二十	【新竹地區平安戲】新竹縣橫山鄉及竹東鎮地區，每年「做平安戲」者約定俗成在雙十節，偶有少數在十月二十五日。形成該地每年一度的大拜拜。大部份廟宇都有「打新丁粄」與「大閹雞比賽」。【秋季大典】八月下半個月，爲傳統秋祭時期，各家廟、祀祠都會擇定一天，隆重舉行祭神祀祖大典。
八月廿一	【台南祭總趕公】總趕公爲領航之神，是台南一帶地方性的鄉土神祇，地點：台南市中正路總趕宮。【北門永隆宮送紙船】每逢雙數年，主祭配神廣澤尊王誕辰的前一日舉行，地點：台南縣北門鄉市中街永隆宮。
八月廿二	【廣澤尊王誕】台中縣大雅鄉廣靈宮，04-25662178；台南縣北門鄉永隆宮（逢雙數年主祭），06-7862364；高雄縣大樹鄉保安宮、鳳山寺，燕巢鄉三聖宮，梓官鄉通安宮。【溫府千歲誕】高雄縣大社鄉承天宮。【燃燈古佛聖誕】。
八月廿三	【邢王爺祭】各地邢爺按例都會出巡遊街或舉行法會。【鹽水忠義公廟祭】以農曆八月二十三日，十八位義士的遇難日爲祭祀日，由台南縣鹽水鎮鎮長擔任主祭，盛況隆重。【田都元帥祭】田都元帥係北管西皮派的戲神，地點：基隆廟

	口一帶；宜蘭縣羅東鎮南正里漢靈宮。【集集大眾爺祭】南投縣集集市街大眾爺祠，049-2763693。【秀水烏面將軍祭】彰化縣秀水鄉陝西村，04-7694737。【宜蘭孔明祭】宜蘭縣頭城鎮慶安宮。
八月廿四	【廣濟宮做平安戲】國曆十日、十一日兩天，地點：新竹縣內灣廣濟宮，03-5849301。【吳府千歲誕】彰化縣鹿港鎮新興街護安宮，04-7761996。【南鯤鯓萬善爺（囝仔公）祭】台南縣南鯤鯓代天府，詳洽：06-7863711。【水官禹帝祭】禹帝管水而深獲民眾敬祀。地點：台南縣東山鄉聖顯村田尾地區。
八月廿五	【萬華大眾爺祭】台北市萬華區西昌街地藏庵側的昭顯廟。【敵天大帝祭】嘉義縣新港鄉月眉村月眉潭光天宮，05-3770677。
八月廿六	【南管郎君爺（唐明皇）秋祭】（八月下旬），郎君爺是南管藝人的祖師爺，各戲班都會擇期舉行祭典。
八月廿七	【安平祭典迎尪公（保儀尊王）】每年北縣三峽人都會由台北市景美集應廟和台北縣汐止忠順廟請神到三峽各地祭拜，約十天後，再送神回原廟。
八月廿八	【東門聖王公祭】相傳聖王公爲掌管船舶之神，地點：台南市東門圓環聖公廟。【一貫道師母聖誕】。
八月廿九	【十八羅漢例祭日】各地佛寺都普設有十八羅漢護法像，供善信膜拜。【後港溪拜水路】台南縣七股鄉後港溪唐安宮舊廟址西側的大排水圳，下午三點庄民備牲醴祭品，祭河神祈平安。

菊月的神誕與民俗祭典

農曆日期	各地神誕與祭典
九月初一	【九皇齋戒祈安法會】爲民間素爲重視的消災祈安法會，從九月初一至初九，舉行九天，地點：彰化市元清觀，04-7254093；台北市龍山寺，詳洽：02-23025162；台北市行天宮，詳洽：02-25031831。【秋季禮斗大法會】（九月初一至初九），台北市大龍峒覺修宮。【野台戲班齋戒解罪】（九月初一至初九）各地戲班都要齋戒，以祈天神赦罪。【柑園迎尪公】尪公即保儀尊王，原爲台北市文山區高、張、林三姓族人的守護神，祖廟位於台北市景美集應廟。台北縣樹林鎮柑園地區的迎尪公則源起於當地農作物遭蟲害，見鄰近三峽地區恭迎尪公以求五穀豐收，起而效之。詳洽：台北市景美集應廟，02-29348446。【南斗星君聖誕】高雄市安瀾宮，詳洽：07-3352378。【飛天大將生】台北市萬華區廣照宮，詳洽：02-23039015。【秋收平安祭】農村例行於秋收後舉行平安祭典，各地輪流舉行，直到年底爲止。【林口趕集】、【路邊阿彌陀佛祭】、【鎮海將軍祭】、【山海鎮神祭】。
九月初二	【五年千歲大出巡】爲長達二個月的大規模出巡活動，範圍包括雲林嘉南沿海，詳洽：雲林縣褒忠鄉馬鳴山鎮安宮，05-6972045。【周府千歲生】高雄縣大寮鄉翁園、琉球、潮寮等村。【做牙】、【祭地基主】。

▲春、秋兩季的禮斗法會，目的為祈求闔境平安，斗中有米、油燈、鏡子、剪刀、秤尺、七星劍等。

▼九皇齋祈安法會，自農曆九月初一至九月初九，連續九天吃「九皇齋」，拜斗母星君。

九月初三	【太子爺香期】（九月初三至初九），太子爺又稱哪吒太子、中壇元帥，高雄市三鳳宮；台南縣新營市太子廟，06-6526596。【南斗星君華誕盛會】宜蘭縣冬山鄉振興堂。【五瘟神祭】台南市中正路五瘟宮。【旗津二十五淑女祭】高雄市旗津區中洲二十五淑女祠。
九月初四	【吉貝耍夜祭】爲西拉雅族重要的祭典，位於台南縣東山鄉東河村，每年農曆九月四日夜晚；並於初五中午時分舉行「嚎海」，詳洽：06-6232002。【三張犁黃狀元公祭】台北市三張犁黃狀元公廟。
九月初五	【順正大王公祭】中國福建晉江移民奉祀的鄉土性神明，台北市萬華區龍津宮，02-23117849。【太子爺香期】台南縣新營市太子宮06-6526596；高雄市三鳳宮，07-2214460。【謝平安請戲】台中縣龍井鄉沙田路永和宮。【東河嚎海祭】儀式爲嚎海的延續。
九月初六	【雲林溫瑤宮法會】一年一次，自九月初六起一連三天。雲林縣斗南鎮將軍里溫瑤宮，05-5970595。
九月初七	【池府王爺出巡瘟境】台北縣新莊市保元宮，詳洽：02-29392213。
九月初八	【陸秀夫祭】台北縣雙溪鄉長安街三忠宮。
九月初九	【重陽節】男女老幼，結伴登高，敬神消災。【重陽賽紙鳶】傳統習俗，重陽日放紙鳶爲戲，以增加重陽的逸趣。【太子爺千秋】每年在祂誕辰正日九月初九的前半個月，各地分靈廟就陸續組團前來進香朝拜，在長達半個月的香期裡，

	以初六至初九前的假日，最爲熱鬧，陣頭、香客、神轎、童乩所組成的一團團香陣，把新營工業區的大小馬路，擠得水泄不通，地點：台南縣新營市太子宮，06-6526596；台北縣樹林鎮濟安宮，02-26812624；高雄市三鳳宮，07-2713600；台南縣歸仁鄉仁壽宮，06-2306568。【媽祖飛昇紀念日】雲林縣北港鎮朝天宮，05-7832055；台中縣梧棲鎮朝元宮，04-26562171。【昌黎祠祭韓愈】屏東縣內埔鄉昌黎祠，08-7793452。【南北斗星君祭】台南北門東隆宮，06-7850135。【竹山聖義元帥祭】南投縣竹山鎮沉潭巷聖義廟。【台南厲王公祭】台南市西門路中段厲王宮，06-2284006。【斗南騎虎尊王祭】雲林縣斗南鎮新崙護國宮。【豐原翁子義士亭祭】台中縣豐原市往東勢的豐東公路近石岡處之翁子社區。【敬老節】。
九月初十	【吳府王爺香期】台南縣北門鄉南鯤鯓代天府，詳洽：06-7863711；地點：麻豆代天府，詳洽：06-5722133。【楠西金松公誕】台南縣楠西鄉街上。
九月十一	【楨榕神松祭】高雄縣旗山鎮湄州里天后宮。
九月十二	【爐公仙師誕辰】爐公先師是鐵匠的守護神，所有和鐵器相關的一切行業，都要在這一天準備牲醴祭祀先師，設席宴客。【火聖廟例祭】台北市延吉街火聖廟，02-27047766。【黃帝祭】台南縣善化鎮光文里黃帝神宮，06-5839582。【二郎神君千秋】台南縣番仔寮應元宮，06-7229852。【褒忠宮義民爺祭】南投縣草屯鎮中原褒忠宮。

九月十三	【孟婆娘娘生】造湯驅忘之神。【東港王船祭】每逢牛、龍、羊、狗年九月間舉行，地點：屏東縣東港鎮東隆宮，08-8323374（日期不定，請先洽詢）。【一貫道祭關聖帝君】。
九月十四	【包青天神誕日】台北市、台中市、台中縣豐原市、神岡鄉與南投縣埔里鎮、高雄市旗津區、高雄縣大寮鄉等地之包公廟。【輔順將軍生日】東勢復興宮，台中縣東勢鎮泰興里石城街，詳洽：04-25878416；台南市三山國王廟，06-2207121。【過炭火】台北縣中和市霹靂宮，詳洽：02-27942215。

▲所有和鐵器相關的行業，都要在九月十二日爐公仙師誕辰祭祀先師。

九月十五	【南市武英殿送王】台南市西區大智街武英殿，供奉許多玉皇系統的天神，該廟年中最熱鬧的祭典在九月十五日五府千歲壽誕日，每隔三年、六年或者十二年，在吳府千歲祭典前後，還有王醮法會，至於確實隔多久舉行一科，則需每隔三年擲筊決定。【吳府千歲誕辰】五王信仰中最後一個香期，地點：台南縣北門鄉南鯤鯓代天府，06-7863714；台南縣麻豆鎮代天府；高雄縣岡山鎮代天府；花蓮市博愛街代天府，03-8332919。【岡山義民爺祭】高雄縣岡山鎮福德祠，07-6212424。【青鯤鯓王船祭】台南縣將軍鄉青鯤鯓王船祭，十二年才舉行一科，由於每科地點都不同，端賴神示而定，一九九六年在庄南鹽灘水埕，詳洽：朝天宮，06-7920200。【石門十八王公祭】台北縣石門鄉十八王公廟，02-26382453。【朱文公（朱熹）誕辰】嘉義市北港路朱文公廟，05-2373671。【一貫道明明上帝祭】台南縣南化鄉玉山村寶光聖堂，06-5772229。【義民爺秋祭】南投縣國姓爺南港褒雄宮，詳洽：049-451952。【灣丘公廨祭典】台南縣楠西鄉灣丘地區的平埔族祭典。【白河六重溪、險潭公廨祭】台南縣白河鎮六重溪以及險潭地區的平埔族祭典。【林口趕集】、【路邊阿彌陀佛祭】、【鎮海將軍祭】、【山海鎮神祭】。
九月十六	【宜蘭荷葉先師祭】宜蘭地區有熱鬧迎神賽會。【玄天上帝祭】台中縣大肚鄉沙田路鎮元宮。【魏王爺千秋】台南市裕民街三老爺宮，06-2231750。【做牙】、【祭地基主】。

九月十七	【慶祝爐公先師聖誕】桃園縣龍潭爐公先師會慶祝爐公先師聖誕，在前一天備鑼鼓車隊至各會員家，將爐公先師請至龍元宮。本日則請八音奏樂，行三獻禮及演戲請客。詳洽：龍潭爐公先師會，03-4792242。
九月十八	【馬府千歲祭】台南市灣裡馬定宮，詳洽：06-2624131。【祭倉頡公】。倉頡公爲製字先師，民間祭祀俗謂可避免寫錯字。
九月十九	【觀世音掛纓絡日】各地觀音殿都有盛大祭典。地點：台北市龍山寺；彰化縣鹿港鎮龍山寺；台中縣清水鎮紫雲巖，04-26225500；台中縣烏日鄉寶林寺，04-3382635；台中縣后里鄉紫雲觀，04-25562822。【一貫道南海古佛成道日】一貫道親祭觀世音菩薩。【五顯大帝祭】基隆市和平島天顯宮。
九月二十	【劉府國公生】台南縣白河鎮崎內里國公爺廟。
九月廿一	【施公祠祭】祭施琅將軍，地點：澎湖縣馬公市天后宮旁施公祠。
九月廿二	【法主公祭】台北市南京西路靠近圓環附近法主公廟，詳洽：02-25562964。【三張公生日】宜蘭縣蘇澳鎮晉安宮，詳洽：03-9566320。【七府千歲例祭】台南縣新市鄉永就村七王宮。
九月廿三	【中埔大使爺祭】嘉義縣中埔鄉護生宮。【馬公爺例祭日】台南市開山路馬公廟。【孟府郎君祭】台南縣關廟鄉松腳村孟府郎君壇。
九月廿四	【荷葉先師誕】荷葉先師爲泥水工業的祖師爺，今起連續三天，全台各地信徒前來進香，台中縣東勢鎮巧聖仙師廟，04-25875032；基隆市奠祭堂，02-

	24252605。【蘆竹溝請火】台南縣北門鄉蘆竹溝西天宮，06-7862046。【神龍天君祖祭】澎湖縣馬公市神玄堂。【三王宮千秋】花蓮市護國宮三山國王廟。
九月廿五	【明寧靖王誕】高雄縣路竹鄉竹滬村華山路華山殿。【林茂公生日請戲】台中縣龍井鄉沙田路永和宮。【東勢祭三山國王】東勢永安宮，台中縣東勢鎮興隆里東蘭街，04-25878790。
九月廿六	【鹿港普庵祖師祭】普庵祖師爲土木工匠的守護神，亦是台灣普庵法師的祖師爺，地點：彰化縣鹿港鎮南泉宮。詳洽：04-7773232。
九月廿七	【灣里萬年殿送王船】台南市南區灣里的萬年殿供奉主神三府千歲，每隔六年的農曆九月中、下旬，也就是逢馬、鼠年，要舉行三朝或五朝王醮大典並迎請王船出巡，因王船是廟中最初的信仰之物，因此僅遶境地方，並不送之遊天河或遊地河，成爲台地王醮大典中的特例。
九月廿八	【五顯大帝祭】台南市忠義路五帝廟。【伏義大帝祭】高雄縣大社鄉開天龍鳳宮。
九月廿九	【小琉球王船祭】農曆九月下旬，屏東縣琉球鄉三隆宮每隔三年，都會舉行一次迎王祭，詳洽：08-8612297（日期不定，請先洽詢）。【三將軍祭】台南縣北門鄉三寮灣東隆宮。
九月三十	【藥師佛誕】佛教中的醫藥神。【五年千歲香期】（十月一日至二十八日），由於習慣以五年爲一大祭，因此名爲五年千歲，詳洽：雲林縣褒忠鄉馬鳴山鎮安宮，05-6972045。

桂花飄香人團圓

——秋天的民俗與祭拜要點

秋天的祭典隨氣候變化而不同，七月立秋普渡、八月白露中秋、九月寒露重陽，民間趕集籮筐會、秋收演劇謝神明，還有各種文化祭禮、王船醮以送瘟，因敬獻對象不同，所用的金銀紙也有差別。

秋天，總讓人感到特別的溫暖與舒適，似乎那就是老天爺賜給人們學習與浪漫的季節。然而，時序中的秋天，卻是從農曆七月開始，在台灣還是一個豔陽高照的時節，不僅炎熱日夜糾纏，似乎永遠揮之不去，甚至覺得比夏天的太陽更爲毒辣，這就是台灣的秋老虎。等到進入農曆七月，在民間信仰中，就是鬼的月份了，對人們來說好像諸事不吉，做什麼事都不方便，甚至連晚上出門都不行，不過也有令人感到溫暖的民俗祭典，七夕拜七娘媽、拜床母、專門爲好兄弟辦的中元普渡、客家人專屬的義民節祭典、

▲七夕又稱七巧節或乞巧節，要備花粉、胭脂等祭拜七娘媽。

深受民間崇奉的齊天大聖祭……等各種民俗祭典，不但讓神明們感受到人們的敬畏與虔誠，更讓鬼靈們感受到人們的惦念與體貼。

在處處桂花飄香的農曆八月裡，雖然沒有全島性的大廟會，卻因爲中秋佳節月圓人團圓、秋收平安戲酬神也自娛、重陽登高賽紙鳶、昌黎祭隆重富人情、東港燒王船萬人空巷……等，各種熱鬧的民俗活動，讓人在這個秋高氣爽的季節裡倍感溫馨，此外祭祀的時候金銀紙該怎麼配？搬家的時候安神要怎麼安？我們也將爲各位做最詳細的解答，讓各位一目了然！

七娘媽生

七夕，是傳說中牛郎織女相會的日子，相思一年才得以相聚，於是織女的眼淚化作七夕的雨綿綿而下。牛郎織女淒美愛情故事影響所及，使雲英未嫁的少女相信，七夕日準

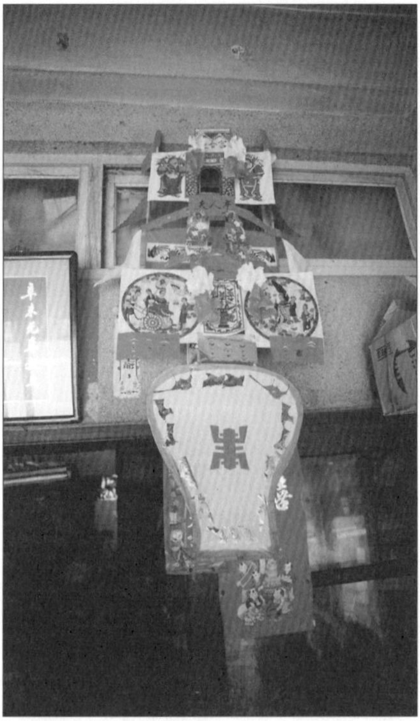

▲鹿港七娘媽亭，由父母手持此亭，少男少女從亭下鑽過，以示成年。

備七巧碗、胭脂、粉餅、鏡子、扇子祭拜七娘媽，可求得如花容貌及美好姻緣。

七娘媽除了安慰少女情懷外，亦是未成年男女的守護神。台南地區便有七夕日到七娘媽殿前做十六歲的習俗，家中有滿十六歲少年的父母大多會製作「七娘媽亭」，準備麵線、肉粽，供奉胭脂、絨花、粉餅等祭七娘媽，替孩子做十六歲，一方面感謝七娘媽的庇祐，使孩子順利成人，一方面告訴孩子已經長大，需要對自己負責。親切近人的七娘媽可說是成長過程中最善解人意的神了。

一般民家，也會在七夕當天黃昏，在家門口準備七碗菜飯，加上七副筷子，有些人家還會另備一鍋油飯，以及胭脂、花粉……等等，祭拜天上的七星娘娘，以祈求七星娘娘賜給人們平安喜樂。

拜床母

床母又稱爲鳥母衣，是孩子們的保護神，任何一個小孩，都受到床母的保護，直到孩子們滿十六歲時，長成大人之後才不再需要床母的保護，所以家中有未滿十六歲孩子的人家，都要拜床母，孩子若今年剛滿十六歲，也要感謝床母長期的庇護而祭拜。

祭拜床母地點要選在孩子的床頭，祭品則

是準備一碗油飯、一碗麻油雞酒，或是一隻雞腿、一盤花生等，要注意的是祭拜床母是不供魚的。祭拜的程序首先要上供點燭，在神前獻茶酒（一般祭拜神明都會獻酒三次，但祭拜床母只要一次即可），上香祝禱——普通是用三炷香，有些地方會用到十二炷香。十二代表地支，也就是十二月份，十二炷香也就代表了十二月份的祭祀，亦即一年到晚，香火不墜的意思。過去拜床母時，要把香插在床腳下的泥地裡，現在因爲建築結構已經改變，很少再有泥地可以插香了，所以信眾們會把香夾在床的邊緣，待一炷香燒過五分之一，就可以趕快燒化金紙，由於拜床母與一般的祭祀程序不同，爲祈求孩子可以順利撫養長大，不可以拜太久，拜完就要馬上撤案。

拜床母所用的金銀紙也較爲特別，除了刈金十二張，又稱爲四方金之外，由於床母是兒童的守護神，故敬祀此神不能用金錢的代用品，而改用衣服料，也就是印有紙雲和花草紋或床母神像的床母衣紙錢。

牽轙救冤魂

台灣人的生命禮俗中，人死之後有一項非常特殊的法事，稱之爲牽轙，最主要是爲牽引遭遇水厄或者血光之災而冤死的亡靈。黃文博在《台灣人的生死學》一書中有提到：「『轙』，道士科儀書中作『轙』，正字爲『旋』，是一種以竹篾編紮成兩圈圓桶狀，糊上花紙而成的牽魂祭器……」，牽轙就是藉著這種法器，來牽引亡靈之魂脫離血池地獄或水池地獄。

牽轙雖然原來是屬於個人生命禮俗中的巫術，但台灣社會歷經過艱困的開發歷程以及長期的族群衝突，無論是自然或人爲的因素，路倒或客死他鄉者，到處可見，爲了安撫這些亡魂，各式各樣的有應公祭祀以及七月盛大的普渡法會，無不是希望能夠讓普天下四處遊蕩，無處歸棲的孤魂野鬼，能夠有安奉之所。

有應公廟或者各地的普施法會，或者能夠撫安大多數的孤魂野鬼，但依舊有一些含冤而死者，這些亡靈不只是不安，更有太多的不甘心與含怨未消；民間俗信，如此的冤魂，如果不為祂們舉行特別的法事，是永遠不可能超脫昇華的，也因此，古老的社會中，許多寺廟會特別在七月間，為眾多的冤魂，舉行牽轙法會，使得這項巫術，逐漸成為鬼月期間，相當受到人們注目的歲時節俗之一。流傳於民間的牽轙法會，分為血轙和水轙兩種，血轙乃為牽引因受血光之災而死難的亡魂，其中尤以難產而死的婦女為最多；水轙則為牽引被水淹死者而設的。轙本身都是用紙糊成圓竹筒型，直徑約三尺，高五、六尺，分為兩截，每截中間裝有圓形的外環，做為牽轙時用手牽引打轉之處。血轙和水轙唯一的差別，就在轙的顏色。水轙用白色或淺色的紙糊成，血轙則必須用鮮紅色的紙糊成，牽轙時，每位亡靈必須使用一轙，並在轙身上書寫亡靈姓名、性別、生卒時辰、生前住家地址等，半空懸掛於牽轙場後，轙下最好還能放置一些亡者生前所使用過的東西，也可以準備一些逝者生前喜愛的食物，或者是牲醴祭品、金銀冥紙，一切準備妥當後，待法師主持法事便可開始牽轙。

放置血轙的地方，也必須設有禮壇，供奉三清道祖、救苦天尊與普化天尊，此外往往還會請來三官大帝，寺廟中的眾神明以及轙腳媽。道士要先起鼓啓清，也就是用熱鬧的鼓樂，邀請眾神降臨，有些地方還會準備一些紙紮的神像，就得舉行簡單的開光點眼儀式，待眾神都定位後，道士忙著誦讀經文，之後舉行「走赦馬」的科儀，主要是請赦馬帶著求赦書，下到地府懇求幽冥教主酆都大帝大發慈悲，開釋亡靈，並請救苦天尊以及普化天尊，不只救亡靈之苦，更能普化亡者，使其飄渺之魂能夠得到安寧。

科儀舉行的同時，亡故者的親人，都要圍繞在亡靈的轎前，用手以逆時針方向旋轉著轎，邊要呼喊著亡逝者的姓名，並不斷叫祂要：「趕緊起來哦！」，據傳說，家屬剛剛開始牽轎時，輕輕便可轉動，不

▲新竹南星宮的大衆爺祭，以牽轎法會聞名。

久之後卻越來越難轉動，乃表示亡靈已附在轙上，家屬必須加倍用力旋轉，才能幫助亡靈脫離冤屈地獄。

屬於冥魂信仰的牽轙法會，由於亡者大多含有無限冤屈，每每被「牽引」上來時，總會弄得家屬無限的悲傷，哭嚎之聲也一直不絕，現場的氣氛哀悽無比，令人相當難過。不過對於亡者家屬的內心而言，卻可以透過牽轙，稍稍平復不甘願、不肯認命的內心傷痛，也許效用不大，但如果是面對早已六神無主的家屬而言，還是有相當大的慰藉作用的！

台灣地區規模最大的牽轙法會，莫過於雲林縣口湖鄉的金湖牽水轙，但這屬於地區性的民俗活動，真正在七月時期，公開舉辦牽轙活動，並且接受一般信眾拜轙的，最具知名度的有新竹市南星宮。每年七月十二日，南星宮大普渡的同時，也會舉行牽血轙與牽水轙的儀式；另外在七月十四日，台北市大龍峒的保安宮，也有相當規模的牽轙活動及拜轙腳媽的法會，同樣是開放各地信徒參與。有興趣的朋友，只要事先跟廟方聯絡，都可以得到協助的。

中元普渡

傳統社會中，農曆七月爲鬼月，孤魂野鬼們從七月初一開鬼門開始，便可以自在地遊蕩在人間，直到月底關鬼門，才需要返回陰曹地府，人民爲了怕這些四處遊蕩的孤魂野鬼危害人間，都要準備隆重的祭品，普施這些「好兄弟」們，但一個月的時間實在太長了，人們不堪每天都要準備祭品來拜拜，於是慢慢發展出許多鄰近的村庄聯合起來，每個村庄輪流祭拜一天的方式，這也就是「初一輪普到三十」習俗的由來。

雖然鬼月普渡，每一天都有人舉行，但最

重要的節目還是七月十五日的中元地官大帝的生日。俗語說：「天官賜福，地官赦罪，水官解厄」，人們乃希望在這個天氣炎熱，人們容易動怒而犯錯的季節，祈求地官大帝的赦罪，以減輕人類因犯錯而招致的禍端。因此各地的三官大帝廟，都要舉行隆重的祭典，爲地官大帝暖壽。祭場中牲醴、果品、壽桃、壽麵自是一應俱全，典禮也都隆重熱鬧，卻因比不過祭祀孤魂野鬼的中元普渡，因而往往被忽略掉了。

中元普渡的習俗，主要是沿自佛教傳統中的盂蘭盆節而來，民間流傳的目蓮救母故事，就是在這一天發生的，因此民間也相信，中元節準備愈多的祭品普施孤魂野鬼，愈能夠爲先去的親人赦罪解厄。戰後，政府禁止民間從月初普施到月底的習俗，規定所有的普渡只能在七月十五日舉行，也因此，台灣的中元節，也就成爲最重要的一個普施孤魂野鬼的節日了。

無論是七月或中元普渡，祭拜孤魂野鬼，要選在下午三點以後，孤魂野鬼方便活動的時間才好。早上屬陽，孤魂野鬼是請不來的。祭品可用牲醴或菜碗，但數量要用屬陰的雙數，如八碗、十碗或十二碗皆可，同時還要備相同數量的酒和菜，此外，粽子、鼠麴粿、糕餅、罐頭、飲料……，也是愈多愈好，但不宜出現寓意吉祥的糕點，如年糕、發粿、壽龜或丁錢……等。金紙則用小銀，往生錢和經衣等，拜祖先用大銀，代表親近關係，拜好兄弟只能用小銀，象徵彼此關係的疏離，往生錢是超渡孤魂野鬼，使其及早投胎轉世用的，祭祀的儀式跟祭神類似，但較爲簡略，其中最大的差別是要在每一種祭品上插一根香，香燒完了還要再換一支，直到普渡結束，目的則是告訴好兄弟們，這些豐盛的祭品，都是給祂們享用的！

如果是在自己家門口普渡，還要在通往家門口的路旁，每隔幾步就在地上插一根香，有些人家一直插到好幾百公尺外，目的就是招引孤魂野鬼前來享用祭品。孤魂野鬼從遠地來，自然是風塵僕僕，因此要準備洗臉水和毛巾，給祂們洗手臉之用，規模較大的普渡場，都會準備一座沐浴亭，主要的功能也是一樣的。南部地方的家庭，沒有能力請戲演出供好兄弟們觀看，但會準備一個紙糊的戲台，台上也有狀似演戲的紙人，這樣東西稱爲普渡戲仔，其實是用來「騙鬼的」！

用燙而不煮的半生菜，大多是空心菜，連根帶葉放在好兄弟前來的路口，或者沐浴亭（洗臉水盆）旁邊，用意有二，半生不熟的菜，再一次強調人與鬼的疏離關係，空心菜用來暗示祭祀對象是不實在的、虛空的，同時也希望藉著普渡清理掉人世間所有的壞腸肚；這些暗示都是相當有意思的！

▲中元普渡用的米粿雕。

◀基隆中元普渡，道士做法誦經後才去海邊放水燈普施孤魂。

中元

▲頭城普渡場上的電動假人歌舞秀。

中元節也要祭祀地官大帝，也就是一般俗稱的三界公，爲示隆重起見，必須和拜天公一樣，架設高低不同的兩層供桌，高的一層是頂桌，專爲祭地官大帝而設的，所有的祭品都是素的，包括山珍海味（木耳、金針、鹽、海帶）、六齋或十二齋（六種或十二種素食乾貨）、麵線塔、壽桃塔（也可以簡單的只以少數麵線和壽桃代替）、五果、鮮花、清茶……等，下桌祭祀的是地祇，習慣都用葷食、三牲便足夠了，其他的酒水、糕點以及水果，和一般祭祀神明沒有什麼太大的差別，祭祀的儀禮也都差不多。

每逢初一、十五都要祭祀地基主的人家，當然不會忽略了中元節當天也要祭祀地基主，許多平常不拜神明的人也要敬備香案，特別隆重地祭祀一番，祭品宜比平時的五味碗更豐盛一些，最重要的當然是向這些「地主」們說明歡度中元的虔誠心意了。

義民節

每年一度的義民節，不只是台灣北部以及北部地區分支出去的客家人，一年之中最重要且最盛大的祭典，歷經過清代時期福客兩籍人士緊張的關係，使得客家人自保的意識與歷史，早已成爲這個民族最特殊的情結，因此，義民節不僅成了北部客家人最重要的信仰，更成爲現代客家人精神凝聚的表徵。義民節乃源於紀念先後於朱一貴事件及林爽文事件所引起的動亂中，爲捍衛鄉里而犧牲的客籍人士。

客家人對於義民爺敬奉的虔誠，無論是平時或者祭典之期，都很明顯可以感受得到。平常的祭祀，最特殊的莫過於「奉飯」的習俗。這是住在離新埔義民廟較遠地區的客家人，爲了祭拜方便，就到祖廟將義民爺的令旗請了回來，安奉在村庄廟中，又怕這些被請來的義民爺令旗孤單，於是地方人士乃以分區輪流祭祀的方式，每天由一戶人家準備好一整桌的菜餚，挑到義民爺的令旗前祭祀，稱之爲「奉飯」。如此一年三百六十五天，從無一天間斷的習俗，在台灣其他所有的民間信仰中，是根本找不到的！

每年七月二十日的義民節，更是客家人年中最盛大的祭典，完整儀式從三天前的豎竹篙便展開序幕。七月十九日，要熱鬧舉行放水燈儀式，目的是爲了招引水中孤魂野鬼一起來享用人民所有的普施品。放水燈時，大多會有高高的水燈排助陣，目的是要照亮陰河的光明燦爛，這個小小的特色也僅僅在客家庄中才常見到。義民節當天，廟中要舉行隆重的三獻禮祭祀義民爺，廟前還有山歌以及客家戲的精采演出，當然還有名聞全台的神豬賽會，普渡結束之後，要接著進行送大士以及謝竹篙等儀式。大體而言，客家義民節雖然以客家人以及義民爺爲主體，但整體的儀式，都和一般的普渡沒有太大的差別，唯一最特殊且受矚目的莫過於自清代以降，每年都盛大舉辦的神豬、神羊比賽。神豬的重量早已超過一千兩百斤，前五名的也超過一千斤，飼主們爲了使神豬顯得更爲壯觀，更花盡巧思設計五彩繽紛的豬羊棚，使得普渡場中，放眼盡是一座座美麗而豪華的巨棚，成爲義民祭典中最大的特色。

爲客家人專屬的義民節祭典，其實就是客家人的中元節，除了水燈排照陰河以及豬公賽會外，祭祀的儀禮和祭品，大多和福佬人的中元祭典近似，不過喜歡米食的客家人，往往會準備各式各樣的粄食當作祭品，像是粽子、糍粑以及紅粄、菜包、發粄……等等，每一樣都代表著一種客家人特殊的民俗與文化。

▲一年一度的義民節是台灣客家人最盛大的祭典。

齊天大聖生日

著名的《西遊記》主角孫悟空，在布袋戲的各種人物中，是個典型的特定角色，這個生自花果山的齊天大聖，長相就是一副潑猴相，造型明顯確定，與他活潑、刁鑽的個性配合無疑。

布袋戲中猴型扮相的戲偶，除了孫悟空之外，另有個角色是扮仙戲《三小仙》中，出場獻壽的白猿，兩者造型幾乎相同，唯一的差別是，孫悟空頭上有永遠除不去的金箍，只能在《西遊記》中演出；代表長壽的白猿，頭上少了金箍，不必聽命於唐三藏。

台灣主祭齊天大聖的廟宇約有十餘座，許多主祀觀音菩薩的寺廟，也配祀「大聖爺」，神格雖不高，但其七十二變的本領一直深受民間的崇奉，更因頑皮活潑，而成爲孩子們的保護神，許多父母會將孩子送給齊天大聖做「契子」，就是希望孩子永遠健康活潑。農曆的七月二十五日，傳爲齊天大聖的生日，拜大聖爺爲契父的孩子們，當然要準備牲醴、水果——特別是香蕉，因爲民間相信齊天大聖（猴子）很喜歡吃香蕉；還有三色金、香燭以及壽桃壽麵等，並且把孩子帶回到廟裡，隆重爲契父慶祝壽誕了。

▲孫悟空七十二變的本領一直深受民間崇奉，在花蓮縣豐濱鄉的阿美族大港口部落，也建有齊天大聖廟。

岡山籮筐會

人類的商業行爲是從以物易物發展出來的，最早並沒有固定的時間和交易的場所，只要有自己喜歡的東西，彼此都願意交換，任何時間，任何地點都可以進行這項「買賣」。然而隨著人口的愈來愈多，人們也慢慢地聚居在一起，爲了方便更多不相識的人有機會交換東西，慢慢形成了固定時間與地點的交易型態。有東西要和別人交換的人，需要某些自己所缺東西的人，在固定的時間，都可以到固定的地點去交易東西，也就形成了所謂的市集；每到了市集交易的時間，想要交易物品的人，分別帶著自己的東西趕到市集，也就是所謂的趕集。

趕集從古老的以物易物，慢慢演變成用貨幣買賣東西，規模也愈來愈大，於是演變成了每天固定的市場，二十世紀末期以降，古老的趕集活動已很難得見到，只有高雄的岡山地區，每年還保有三次傳統的趕集活動，分別在農曆三月二十三日、八月十四日以及九月十五日，名字叫做籮筐會。可以想見早期所販賣的東西，都是日常生活中常用的籮筐爲主，販賣的東西雖然變成現代化的貨品，仍是相當有特色的民俗趕集活動。

除了籮筐會之外，早期常可見到的牛墟，也是傳統的趕集之一，牛墟販賣的以牛爲主，有成年的牛也有小牛，還有其他許多跟牛有關的物品，只可惜在台灣，牛墟也已經慢慢沒落了。

翻開岡山籮筐會的歷史，自清代中期興起以來，就已成爲台灣南部最重要的民俗趕集活動，在這漫長的時間裡，舉辦的地點也屢有更改，最早在中街，後遷至中山公園，再遷到中華路，一九八六年十月，又遷到新闢的岡山二號道路舉行。

一九八〇年代後，籮筐會受到現代攤販的侵入而嚴重變質，致使常有停辦與否之爭議，一九八六年，由當地公所重新規劃，遷至新址後，籮筐會的內容仍保有一些農村竹木工藝以及日常用品，比起以往雜亂無章，肆意販賣物品的情況有相當顯著的改善。

中秋佳節

傳統中秋是月圓花好之節，人人歡欣團聚，賞月吃月餅，再加上家家戶戶的烤肉香，早已構成台灣地區重要的中秋節風景。

中秋節原本是從秋社之日演進而來的，人們春天祈求神明，庇祐作物成長豐收，到了秋天收成之後，自然要準備豐盛的祭品，報答土神過去一年來的賜予，再加上秋高氣爽的氣候，月圓顯得特別美麗，因而這個時節也就成了萬物豐盈，月圓人圓的好日子。

土地的豐美與寬厚，世世代代生養萬物與人民，人們在中秋節祭祀土神，自然是感念土地一直都是人民最好的依靠。此外，許多和土地有關的自然現象，也在這時節受到人們的敬祀。和土地無法分開的石頭，當然是土地的一部份，因此人們選在中秋佳節一起祭祀石頭公；從泥土中長出來的樹木是土地生養萬物最明顯的特徵，於是人們也以八月十五日做為大多數樹王公的生日。

中秋節祭土地公、樹王公和石頭公，祭品用三牲便可，再加上四果或五果，金紙則用壽金、刈金和福金等三色金，中南部地方，還要準備一些竹子，將頭剖開夾上福金（土地公金），帶到自己的田園四周去插，謂插土地公柺杖，用意是讓土地公四處去巡視田園時，有柺杖可以拄。

八月十五日也被寓意為團圓之日，因此也要祭祀列祖列宗。中秋祭祖，祭品可用祭過土地公或樹王公的牲醴，燒煮成菜碗便可，不過最重要的是，無論是拜土地公或石頭公還是拜家祖，都要準備柚子和月餅。柚子不只是應節水果，更因造型渾厚圓滿而寓意豐美圓熟；現代月餅種類繁多，但早期都只有圓如月亮的月光餅，用月光餅祭神，當然是因爲它的造型圓滿了。用柚子和月餅祭神祀祖，含有象徵天地圓滿、物阜民豐之意。

月亮神話中，嫦娥奔月是最膾炙人口的一個，嫦娥的美貌，幾千年來一直是婦女們希望獲得的，於是，許多婦女們都會選擇在中秋夜祭拜月娘，也就是太陰娘娘。

拜月娘當然要在看得到月亮的時候才開始，在空地上設香案，要準備素果、月餅、蠟燭，再加上胭脂、粉餅……等，便可上香向月娘祈求心中所想的願望，有一點要特別注意的是，男人是不可以拜月亮的，台灣俗諺說：「男不拜月，女不祭灶。」主要是怕男人拜了月亮，變成了女貌。

秋收平安戲

每年農曆八月過後，台灣有許多地區，要各選一天，輪流舉行收成後感謝上天賜福的祭典，這個祭典除了要以三牲祭品祭祀境內神明，演戲酬神更是此祭典的主題，福佬人稱之爲「謝平安」，客家人則稱作「做平安戲」。

台灣的平安祭，福佬人和客家人都有，不過福佬人非常重視道教儀式，都會聘請道士，設置臨時道場，舉行儀式；客家人則以牲醴祭祀，並沒有特別的儀式，卻相當重視要在廟前舉行酬神的野台戲，這一直是每年八月秋收之後，客家人最重要的大事。

獻演酬神戲，主要目的是在報答神明的庇祐，使雨水充足、作物豐收，不過在嚴肅的意義之下，南北各地的客家人，更藉著這樣一個機會，欣賞戲劇以爲娛樂。爲了讓平安戲的功能可以發揮到最大，舊時的秋收平安戲還會經過特別安排，一庄演完換下一庄，一個鄉鎮或同一個祭祀區演下來，總要花上一、兩個月的時間，鄉老們也會跟著今天看東庄戲，明天看西庄戲，每一齣戲都不願錯過呢！

太平洋戰後，台灣接受新的政權統治，外來文化與本土文化的格格不入，產生了非常大的衝突，最後在政治力量的主導下，本土文化在毫無助力的情況下，淪爲犧牲品。秋收之後，村庄間輪流上演平安戲的常民文化，被斥爲「浪費」；謝平安的日子被限制在陽曆的「國慶日」、「台灣光復節」等少數幾個「國家假日」裡，鄉里父老活生生地失去了一、兩個月的「戲期」，對謝平安的熱忱自然大打折扣。一九七〇年代以降，新式娛樂紛紛興起，搶走了絕大多數野台戲的生意。以前的孩子們，也許還會爲謝平安的大魚大肉感到興奮，到後來，平安戲雖然年年上演，然而，恐怕大多數的客家弟子，已經都記不得是在「雙十節」，還是「光復節」了。

重陽節

農曆九月初九俗稱「重九」，傳統社會對於數字除了有單數爲陽、雙數爲陰的分別之外，更認爲九是極大極陽之數，過了九便歸零，故稱爲「重陽節」。一九七七年，重陽節也被訂爲「老人節」，希望能藉以弘揚敬老尊賢的美德，做好老人福利政策。

舊時人們在重陽節都會有登高望遠、放風箏賽紙鳶、賞菊飲菊花酒等習俗，但在台灣社會轉型之後，現代人由於工作繁忙，這些習俗幾乎全部消失殆盡，只剩賽紙鳶這項在公園就可以進行的親子同樂活動了。紙鳶就是風箏，台灣的紙鳶賽會歷史悠久且種類眾

多，尤其九月之後颳起東北季風，更是放風箏的最好時節。舊時除白天放風箏，也有夜間放的風箏，施放前先在風箏上點香或掛一盞小燈，飛到天空後，點點星火，或沉或浮，美不勝收。

另外漳州籍的福佬人，也會選在農曆九月初九爲所有祖先「作總忌」，這是因爲昔日人們生活困苦，物資欠缺，無法時時爲祖先們分別舉行忌日，於是統一在重陽節這天祭拜，清明節就不再祭祀祖先了。「作總忌」通常都會在上午十點左右舉行，在祖先牌位前準備小三牲（簡略的三牲，如豬肉、魷魚、蛋或者豆干等）或者是煮成一碗一碗的菜和飯，俗稱爲菜碗，以及水果等，也有人會特別準備與重陽節「登高」諧音的發糕，還有糯米包黑芝麻所製成的麻糬，據說有明目和延年益壽的功效，而重陽應景的菊花酒，也可以用來祭祀祖先。

至於祭拜祖先所用的金銀紙則是用福金（土地公金）、壽金、刈金、大銀等，也有人會在祭祀完放鞭炮以示隆重，不過要提醒各位朋友，燃放鞭炮時千萬要注意安全。

▲農曆八月之後，台灣各地以三牲祭品祭祀當境神明、演戲酬神的秋收平安祭。

◀台灣的紙鳶賽會歷史悠久且種類衆多。

可口可樂

昌黎祠祭典

自古以來，客家人素以「重文風、崇聖賢」稱著。台地不少客家地區，都有文昌廟及其他文化之神的信仰，諸如五文昌帝君、韓文公、朱熹夫子或者製字先師……等等。

屏東縣內埔鄉昌黎祠主祀昌黎伯韓文公，創建於清嘉慶八年（一八〇三年），乃爲原居嶺南的客家人移祀來台，與相鄰的天后宮同時創建。

九月初九重陽日也是韓文公的例祭日，屏東縣內埔地區的客家人，按例都會於這一天準備五牲、水果、鮮花以及四色金……等祭品，到祠中祭韓文公；再加上廟方所準備的壽桃及壽麵塔，把整座寺廟中都佈置得充滿生日的喜悅氣氛。而正式的祭典，約在早上九時左右，由地方士紳及管理委員，組成祭祀團，以簡單隆重的三獻禮，祭祀昌黎伯。

全套典禮約進行一小時結束，祭禮簡單，卻顯得隆重而富人情味。祭典結束後，眾人一同在廟內共餐飲，稱爲「食福」，參加者都會特別感到有福氣。

東港燒王船

三年一科，每逢牛、龍、羊、狗年舉行的東港王船祭，與西港王船祭齊名，時間卻在秋後的九月舉行，主要是爲了因應漁民的作息。三、四月正是漁獲最豐之期，九月之後漁產少，天候惡劣常生意外，此時送瘟王以祈海陸兩境平安，正是最佳的時機。

東港的王船祭，除祭期與西港相異，更重要的是東港的送王船活動中，並不一定舉行醮典，每科都由輪值的王爺決定，即使行醮也不一定是瘟醮，水、火醮、祈安醮都是王船祭附屬的醮典。此外，劃分清楚的角頭及不同的任務分配，也是一大特色。

東港的送王船，都在凌晨舉行，前一天，各神轎、陣頭及成千上萬的善信，浩浩蕩蕩的牽船遶境，所經之處必定萬人空巷，熱鬧非凡。

金銀紙的使用

台灣民間的祭祀，不管祭祀的對象是誰，祭品是豐富或簡略，但一定少不了的，就是各式各樣的紙錢。拜神、祭祖或是祀鬼，都必須燒化各種紙錢，且因神的位階高低以及祖先、鬼怪的不同，要燒的紙錢都不相同。表面上看起來，金銀紙的世界是非常複雜的，但事實上，現代人可以依金銀紙特性的不同，簡單清楚地區分出不同的金銀紙使用對象的差別，因此，我們將各式金銀紙和祭祀對象，整理出一份清楚明瞭的簡表，提供給

▲東港的送船都在半夜舉行，在浩浩蕩蕩的遷船繞境之後，才在熊熊火光中將王船送遊天河。

▲造金紙過程中的裱箔紙。

有心的朋友們做參考。不過在看這份簡表前，我們先來看看有關金銀紙由來的神話：

金銀紙的由來相傳與東漢時期的宦官蔡倫有關。當蔡倫經過千辛萬苦總算造紙成功時，人們卻一時無法改變使用竹簡的習慣，使得紙張堆積如山，蔡倫更是終日愁眉不展，終於他和妻子想到一個能讓紙張順利銷售的好法子了！

蔡倫先詐死躺入棺木中，妻子則四處發佈蔡倫的死訊，當親友來弔唁時，只見蔡倫的妻子在一邊哭得肝腸寸斷，還不停地在棺木前燒紙。好奇者一問之下，才知是蔡倫死後託夢吩咐的，正當大家半信半疑時，棺蓋卻自己打開，蔡倫已經死而復生，還向大家解釋因爲妻子所燒的紙，就是陰間的錢，把錢交給鬼差，人也就可以回來了。在大家嘖嘖稱奇，信以爲眞之下，蔡倫不但成功地賣出了紙，影響後世深遠的金銀紙文化，也就這樣流傳下來了。另外也有傳說是和蔡倫的哥哥蔡莫有關，其實只是主角換了人，故事卻相去不遠，有異曲同工之妙。

那麼金銀紙的製造過程爲何呢？它的過程包括裁紙、裱箔紙、刨光、蓋印、加面仔紙、綑綁成疊等，如果是金紙，則要在刨光之前，塗上金油，使箔紙呈金黃色，不過因爲都是機械化裁割生產，所以也就省去刨光這道手續了。

而金銀紙同樣也有陰陽之分，大概可分爲三類，第一類是金紙，使用於眾神明，由於箔紙塗有金油，所以稱爲金紙，好比壽金、福金、天金……等；第二類則是銀紙，使用於祖靈或陰鬼，箔紙沒有塗金油而呈銀色，故稱銀紙，如銀紙、七句金、掛紙……等；另有特殊用途的紙錢屬於第三類了，通常爲法師所使用，專門爲求消災解厄的，包括替身、各種指定用錢……等。

除此之外，一般金紙還常被綜合成有三色金、四色金、五色金之分，其實這是做生意人用來促銷的手法，不過後來竟也成爲主流。每一種組合金紙所包含的金紙種類並不相同，使用的對象也有等級之分。福金也稱爲土地公金，加上刈金以及壽金，合稱爲三色金，是用來祭祀土地公及一般位階較低的

▲農曆七月初一開鬼門之後，眾鬼們才能到陽間來大吃大喝。

地祇的；四色金則是大壽金、壽金、刈金以及福金，用於位階較高的神明；但如果祭祀的對象有包括玉皇大帝或三官大帝，則要用頂極金、天公金、壽金、刈金和福金，也就是所謂的五色金了。其實，使用金銀紙時，數量並非是愈多愈好，而是誠敬周到最為重。另外金銀紙的等級，也不是層級愈高愈好，好比祖先雖然屬於和我們最親近的祭祀對象，但在分類上還是屬於鬼的性質，因此祭祀用的金銀紙，應該以銀紙為主，以大銀和小銀為主，但也有人特別崇祀祖先，視若神明一般，一心要把刈金或者壽金獻給祖先，當然這是一種孝心，多燒化些紙錢是沒有人會責怪，但燒得太多，或者燒了層級太高的金紙，祖先也不一定收得到，那豈不浪費又造成環境污染。

接下來我們就以最簡單實用的表格，簡列金銀紙敬獻對象與使用參考：

▲各式各樣拜神、祭祖、祀鬼的紙錢。

(1)金紙

如有不同之處，請依當地風俗為準。

敬獻對象及用途	金紙種類
玉皇大帝（天神）	頂極金、天公金、壽金、刈金、福金（土地公金）、報恩錢（俗稱補運錢）
三官大帝（天神）	頂極金、天公金、壽金、刈金、福金（土地公金）、報恩錢（俗稱補運錢）
位階較高神明（地祇）	刈金、福金（土地公金）、大壽金、壽金
答謝位階較高神明（地祇）	刈金、福金（土地公金）、大壽金、壽金、報恩錢（俗稱補運錢）
位階較低神明（地祇）	壽金、刈金、福金（土地公金）
初一、十五犒軍	神馬錢、刈金、壽金
初二、十六作牙	壽金、福金（土地公金）

(2)銀紙

銀紙主要對象是鬼，但也常搭配金紙使用。

敬獻對象及用途	金銀紙種類
長輩往生時	往生錢、福金（土地公金）、大銀
祭拜祖先	福金（土地公金）、壽金、刈金、大銀
掃墓祭祖	福金（土地公金）、壽金、大銀、五色紙

中元節及建醮普渡	經衣、福金（土地公金）、壽金、小銀、刈金
孤魂野鬼	經衣、小銀

(3)特殊用途紙錢

一般是爲了消災解厄而用，與制化關煞有關，一般都是按法師或童乩指示使用，但大體可按特殊用紙錢上的奉獻對象來做各種過關避煞時使用，爲了顯示尊敬各神煞，也常搭配福金（土地公金）、壽金等使用。

關煞種類	特殊用途紙錢
四柱關	車厄錢
血刃關	車厄錢、買命錢
四季關	本命錢、十二元神錢
咸池關、劫煞關、多厄關	本命錢、十二元神錢、改厄錢
短命關、撞命關、取命關	買命錢
將軍關、將軍箭	將軍錢
閻王關、鬼門關、死符	地府錢
急腳關	山神土地錢
斷橋關、浴盆關、落井關	水官錢
無情關、天吊關、千日關	夫人錢、註生娘娘錢

▲敬天畏地、拜神祀鬼一直是台灣民間信仰的中心思想。

追源典

天狗關、天狗	天狗錢
斷腸、雞飛關	牛馬將軍錢
水火、夜啼關	火神錢
湯火關	火神錢、水官錢
深水關	前世父母錢
和尚關	七星錢
埋兒關	大二爺錢
雷公關	大王錢
白虎、金蛇關（銅蛇關）	銅蛇鐵狗錢
百日、金鎖、五鬼關、病符	改厄錢、過關錢
流霞	流蝦錢
太歲	太歲錢
太陽	雲馬錢
喪門	喪門錢
太陰	太陰錢
官符	朱雀錢
歲破	煞神錢

龍德	亡魂錢
福德	五鬼錢

⑷其他紙錢

價值最低，上面沒有金銀箔。

敬獻對象及用途	金銀紙種類
清明時用來壓墓紙	黃古紙或五色紙
用來與棺材合葬（代表獻給祖先之金銀財庫）	庫錢
行喪時懸掛竹竿立於門戶	黃高錢

安神

在民間信仰中，人們除了會在特定四時祭典到寺廟中祭祀神明外，也會在家裡安神位和祖先牌位，成爲家宅的精神寄託，並保佑家中闔家平安，生活幸福美滿，每一個家人都能平安無事。而安神位要注意那些事？安神位有什麼程序？必備的祭品有那些？……這些問題，一般人都是交給道士去解決，一方面省事，一方面也避免出錯；反之，如果有人想憑自己的力量來安神，唯一可用來參考的，大多只有市面上流通的農民曆，但往往因內容或步驟述說不明，結果不是讓人愈看愈亂，就是沒有交代清楚，讓人深怕漏了哪個步驟，反招致不幸。因此，我們將把最簡單的安神方法整理如下，提供給有需要的朋友，讓每個家庭都可以憑著全家人的誠心和敬意，請諸神大道安座在家中正廳。

▲香火鼎盛的台北萬華龍山寺。

▼新建廟宇的安神位儀式。

擇日與方位

一般要根據農民曆選擇適合主事者的黃道吉日、貴人吉日，或者安香日、神在日，是爲天時與人和，並依照農民曆選取大利方向，是爲地利。安神位切忌「沖」、「煞」方向，若該年無大利方向則可安奉「浮爐」，也就是在香爐下面先墊上一個瓷盤子，等來年再選擇吉日拿走磁盤子，另外要安的神像也應事先選擇吉日良辰開光入神，不可忽略此儀式。

必備祭品

⑴水果：四果或五果均可。

⑵清酒和茶：各三杯。

⑶牲醴：祖先用三牲，民間信仰和道教的神明用五牲，佛教神明用素齋祭品便可。

⑷紅圓、發粿：各三或五碗，但要把紅圓擺在前面，發粿在後，象徵「前圓後發」。

⑸香：主事者每人三炷，其他跟拜者每人一炷即可，爲示隆重起見，主事者可用手爐持香，另可備檀香爐焚燒檀香。

▲美濃惜字亭下供奉的製字先師神位。

(6)金紙：拜神佛用五色金或四色金，拜祖先則用福金（土地公金）、壽金、刈金、大銀。

(7)其他：可另備淨符，焚化於陰陽水後，可用來清淨宅第之用，如果無法取得符籙，可用熱水和冷水混合而成的陰陽水，燒化主神鎮宅符後，另備柳枝或榕葉，做為沾水潑灑淨宅之用。

安神位之程序

(1)首先以文工尺（丁蘭尺）按尺上分別代表：本、害、劫、官、義、離、病、財等不同意義的尺寸，取當事人最適合之尺寸，定出神位之高低以及供桌神龕之大小，事先備妥後，於安神之吉時固定位置。要特別注意的是，文工尺（丁蘭尺）分陽、陰兩面，刻度較長的為陽，是屬於安門立柱以及安神位用的，刻度較短的一面，是用來安葬立墓碑用的，使用者千萬要留意，不要一不小心弄錯了，結果就大不相同了。

(2)用淨符淨灑宅第以及前庭後院（陽台），以徹底驅除穢氣。

(3)擺妥神燈、燭台和各種祭品。

(4)安爐等待神明降臨，由主祭者或家人雙手捧著「神佛」、「牌位」，主祭者口中喃唸：

進哦！進哦！進哦！家住○○縣○○鄉○○里○○路○○號，信士○○○○，選定良時大吉日，特別來為主神○○○○安定神位，祈求神威顯赫，神光普照，鎮宅光明，闔家平安。

繞香爐三遍之後安定座位，先安神位再安祖先牌位，順序不可更換，祖先牌位的高度也不可比神像高，並注意神位正對面勿與屋角、樑柱相對，神案前也不可置放鏡子、時鐘、剪刀、藥品等不敬物，若有日光燈則應平行懸掛。而家中若奉有「兩姓祖先」牌位，主姓應居左，副姓則在右，並以紅線七寸分隔。

(5)主祭上香並且喃誦「安神祭疏」，先朝外拜天，再向內拜神接神，陪祭者也要虔誠參香，香爐上的香過三分之一後，由主祭者敬酒一至三遍（沒拜牲醴者則免敬酒）。

(6)主祭者擲筊問事，敬獻紙帛，燒化紙帛送神，眾人再拜神，事畢，傍晚再拜地基主，若非新宅則免拜地基主。

(7)安神後香煙三日不可中斷，但要注意香燭安全。

另外為使大家更清楚明白安神的每一個細節，在這裡更詳細介紹安爐的方法及其注意事項：

安爐的方法並不困難，首先要由主祭者點燃十五炷香，按安爐時辰，對準香爐內的方位，按時針走向，如子丑寅卯辰……，一一豎立一炷香。如安爐時辰在寅時，則由寅時開始，一一豎立十二炷香。最後三炷香，則平行分開，第一炷在香爐正中心，第二炷在第一炷的右側，第三炷則在第一炷的左側，然後合手拱拜，誠心默唸「安爐大吉、神光普照、闔家平安」即可。

至於安爐的注意事項如下：

(1)神爐上端不可有樑柱。

(2)祖先爐位不可超過神佛爐位。

(3)安神爐之高低，爐位應與神佛像之腹部相齊，太低時可取壽金用紅紙包起來墊在神爐之下。

(4)祖先爐內不可亂放金、鐵等物品。

晝夜氣溫戲劇化

——論秋天的節氣

秋天時而火傘高張，時而狂風驟雨，
酷熱的秋老虎令人無可忍受，
直到白露，才漸有秋高氣爽的舒適感，
山頭芒草逐漸發白，樹葉也被染紅，
農作和漁業的秋收形成溫馨景象。

在台灣，人們對於秋天總是又愛又恨。在這個季節裡，有的樹木紅了全身，有的花卉黃了一地，更有漫山的草木植物白了頭，大地美麗的景緻，讓人目不暇給，不過對於秋天時而火傘高張，時而狂風驟雨的氣候，卻也叫人無所適從。

進入立秋之後，午後的西北雨常令人措手不及，不過西北雨總是來匆匆去也匆匆，到了處暑，太陽好比秋老虎，酷熱難當，而秋天的颱風，威力更甚，常造成重大的損失，防颱工作不可輕心。台灣的秋天一直要到白露，才會讓人有天高氣爽的舒適感；到了秋

▲一直要到白露，台灣的秋天才會有天高氣爽的舒適。

分之時，農人們都希望秋分白雲處處飄，這樣作物才能大豐收；至於寒露時過境落腳的候鳥，是大自然最壯觀的景象，而霜降成熟的柿子，則是一幅令人怦然心動的秋收美圖。就讓我們來看看立秋、處暑、白露、秋分、寒露、霜降這六個在二十四節氣中屬於秋天的節氣。

立秋

西北雨驟，氣候轉涼

立秋是二十四個節氣中，屬於農曆七月的節氣。這時節，理應是蕭瑟的秋天，但在台灣，天氣仍然相當炎熱，絲毫嗅不出一絲絲秋的氣息。

在古代中國，宮廷要率三公九卿到京城西郊迎秋。漢代以後，迎秋的儀式雖有不同，但意義更隆重，軍士們也開始勤操戰技，法官則忙著整理律法，平反冤獄。

在台灣，立秋時期並無特別的行事，田間的二期稻作欣欣向榮，正值除草、施肥的時候，當令的水果，除西瓜、鳳梨外，龍眼還可以曬乾製成桂圓，用來入藥或者釀酒，用途相當廣泛。

天氣依然炎熱的立秋午後，常常因空氣及旺盛對流作用的交互影響，迅速形成驟雨。雨來得快，去得也急，台灣人稱爲西北雨，只要西北雨多下幾次，便可以感受到，天氣的確逐漸變涼了。

立秋之始，作物種植會比較容易些，北部有：烏豆、山芹菜、蘿蔔、分蔥、菾菜；中部有：蛇瓜、甜椒、洋香瓜、香瓜、冬瓜；南部有：胡瓜、豇豆、芥菜、辣椒、番茄。

近海漁業逐漸枯竭的台灣沿海，北部產：日本對蝦、石狗公、白花鰔；南部產：正牡蠣、白帶魚、金花鮨、秋刀魚；東部有：花腹鯖、馬鞭魚、蘭勃舵魚；離島有：脂眼鯡、花石鱸、中國黃點鯆。

處暑

秋之老虎，依舊毒辣

處暑是指暑氣結束之意，明代時期的郎瑛撰《七修類稿》載：「處，止也，暑氣至此而止矣。」暑氣至此雖開始消退，但並不表示天候將開始轉涼，所謂「秋老虎，毒如虎」正是這時節的寫照。清代時期的顧鐵卿撰《清嘉錄》也說：「土俗以處暑後，天氣猶暄，約再歷十八日而始涼。諺云：『處暑十八盆』，謂沐浴十八日也。」

台灣的處暑時分，是許多水果的盛產期，像是新世紀梨、葡萄、百香果、芭樂……等；此外，在西南沿海一帶，正是虱目魚苗溯流北游的時候，在這些地方，常會出現忙著撈捕魚苗的漁人。

關於農作種植，北部適宜：四季豆、高麗

菜、莧菜、香菜、皇帝豆；中部適宜：芹菜、黃秋葵、花椰菜、芥藍、油菜；南部宜：米豆、茄子、冬瓜、蒸菜、節瓜。

沿海的漁獵，北部出產：白腹鯖、紅馬頭魚、白馬頭魚、魬鯛；南部產：虱目魚、劍鰭魚、四絲馬鱍魚；東部產：赤鯮、鬼頭刀、日本鰻；離島產：黑鯧、眼眶魚、寒鯛、鑲點石班。

白露

秋高氣爽，桂香蟹肥

白露之後，台灣才漸漸出現秋高氣爽的感覺。流傳久遠的《黃曆》記載：「斗指癸為白露，陰氣漸重，凌而為露，故名白露。」

這個時節，正是文旦上市的季節。台灣文旦最主要的產地是台南縣麻豆鎮，當地名產「麻豆文旦」肉質甜美，水分多，贏得極佳的稱譽，甚而流傳了清代嘉慶君遊台灣時，特別到麻豆吃文旦的民間故事。事實上，台灣文旦好吃的絕對不僅止於麻豆而已，雲林的斗六、新竹的關西、花蓮的鶴岡，都是著名的文旦產地。

最能夠代表這季節的產物，還有螃蟹和蓮藕。中秋節前後，螃蟹蟹黃正飽滿，肉質也最為鮮美，因此漁民們都忙著抓螃蟹，以供應廣大消費者的需要。荷田採過蓮子後，地下莖逐漸肥大，長成了蓮藕，也正是採收的季節。

菊花也在這季節盛開著，成了最具特色的當令花卉，而在白露之後的中秋節，是台灣年節中三大節俗之一，含有全家團圓和有情人相聚的深厚意義。在這個節日，全家團聚一起賞月、吃月餅、品文旦和啖蟹黃。

白露的農作種植，北部宜：菠菜、花椰菜、辣椒、胡蘿蔔、大蒜；中部宜：萵苣、青花菜、芥藍、小白菜、紫蘇；南部宜：芥菜、分蔥、莧菜、大白菜、辣椒。

辛苦的漁民，各地都有不同的收獲，北部出產：金線魚、白馬頭魚、白鰱、褐藍子魚；南部有：草對蝦、麗紅彩鯛、鯉魚、雙帶烏尾冬；東部有：黑鯛、白馬頭魚、印度牛尾魚；離島地區有：赤石斑、鋸尾鯛、三點石斑。

秋分

秋已過半，陰氣漸隆

秋分乃是指秋天過半的意思，這個節氣大多在中秋前後，讀者廣佈的《黃曆》說：「斗指己爲秋分，南北兩半球晝夜均分，又適當秋之半，故名。」指出這一天的白天跟夜晚各佔十二小時，是一個相當特殊的日子。此外，民間流傳中的八節，除了四立之外，還有二分及二至，二分指的就是春分與秋分，二至則是指冬至和夏至。二分爲古人的行善之日，最好避免任何刑罰。

傳統社會的農作諺語記載著：「秋分天氣

▶秋天蟹黃肥美，漁獲豐富。

白雲來，處處欣歌好稻栽。」由此可見農民們多麼希望這一天最好是個天高氣爽，白雲飄飄的日子，因為相傳這樣的天氣，二期稻作才能盈滿豐收。

新竹的新埔及北埔地區，則進入製作柿餅、柿乾的旺季。秋天的陽光加上強勁的九降風，是造就柿餅香甜好吃、顏色金黃亮麗最主要的因素。因此秋分之後，製作柿餅的人家，屋前屋後都曬滿了一籃籃的柿餅，是一幅最為動人的人文風景畫。

涼意漸隆的季節，農作種植方面，北部有：白鳳豆、胡椒、蕹菜、馬鈴薯；中部有：菾菜、蔥、牛蒡、香菜、胡瓜；南部有：洋蔥、大蒜、苦瓜、蘿蔔、番茄、紅豆。

近海的漁獵，北部產：花腹鯖、黃鰭鯛、花尾帶鰨、中國黃點鯆；南部有：正牡蠣、日本鰻、眼眶魚、褐藍子魚；東部有：劍旗魚、白帶魚、銀帶金鱗魚；離島產：克氏兔頭魨、脂眼鯡、六線雀鯛。

國曆的九月十五日，則是日本時代一年一度禁止狩獵的季節之始，自此以後，不得再用獵鎗獵捕鳥類及其他野生動物。日本時代的《台灣民曆》，會註記於當日的行事中，以提醒人們注意。

◀秋高氣爽也是紅柿豐收的季節。

寒露

秋深露重，九降風起

寒露是二十四節氣中，第一個提及「寒」的節氣。這時天候已明顯出現秋霜之意，民間盛行的曆書也提醒我們：「斗指甲爲寒露，斯時露寒而冷將欲凝結，故名寒露。」

菊花爲寒露時節最具代表性的花卉，不僅處處可見到它的蹤跡，在與寒露相近的重九時節，更有飲菊花酒之俗。《太清記》記載：「九月九日，採菊花與伏苓、松脂，久服之，令人不老。」

令人不老顯然是神話，但登高賞菊確是這節令的雅事之一。

氣候的變化上，最明顯的是東北季風漸漸增強了，新竹地區，每年自農曆九月颳起的風，稱之爲九降風，恒春半島一帶，則成了落山風，而這些東北季風，將陪著台灣，度過一整個冬季。

露漸深重，各地的農民們，會在這時節種植不同的蔬菜，北部有：茴香、豌豆、大白菜、甘藍；中部宜：蕹菜、小白菜、花椰

▲霜降時強勁的九降風能迅速吹乾米粉。

菜、胡蘿蔔、洋蔥；南部有：豌豆、烏豆、菾菜、馬鈴薯、甜椒。

至於水產漁撈，北部產：劍旗魚、寒鯛、白腹鯖、短鬚海鯡鯉；南部產：鋸尾魚、虱目魚、白花鰔、島嶼小公魚；東部有：黑鯛、花身雞魚、紅甘鰺；離島產：眼眶魚、飯鯛、鱷形叉尾鶴鱵。國曆的十月初開始，也是日本時代雞冠菜的保護期，等到隔年一月底雞冠菜長成後，人們才得自由採收。

霜降

寒意初上，露霜初結

因「氣肅而凝，露結爲霜」而名的霜降，爲秋季的最後一節令。天氣已經日漸寒冷，但要結霜的機會並不多，只在很偶爾的時機，天氣特別寒冷，夜露才有可能結成霜。

海島型氣候的台灣，霜降時節正是北部九降風最烈的時節，陳文達修《台灣縣志》載：「九月，北風凜烈，積日累月，名謂九降風。」這種積日累月颳得不停的東北季風，雖令人討厭，卻是新竹人製作米粉，借風迅速吹乾最好的時候。此外，九降風也是吹乾柿餅最好的幫手，在新埔、北埔等幾個盛產柿子的地方，這時候正是製作柿餅最重要的時期。另外，冬季最重要的水果——柑橘，也開始進入產期，各式各樣的柑橘將紛紛上市，供人們大快朵頤。

霜降的農作，北部宜：生菜、芥菜、芥藍、香菜、番茄；中部宜：茼蒿、胡瓜、芥菜、蘿蔔、辣椒；南部宜：豌豆、菜豆、青花菜、豆薯、節瓜。

沿海漁獲北部出產：鬼頭刀、石狗公、大頭花桿狗母、長蛇尾鰡；南部產：克氏兔頭魨、秋刀魚、花石鱸、單角革單棘魨；東部有：印度銀帶鰶、銀紋笛鯛、蜆；離島附近有：斑鰭、正牡蠣、灰海鰻。

台灣二十四節氣示意圖

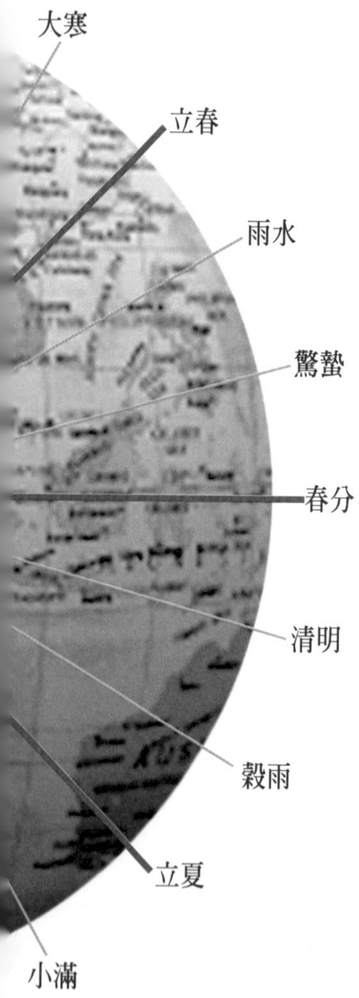

認識秋天節氣的方法

每天太陽從東方昇起，過了炎熱的午時（中午）之後，逐漸往西方下沉。愈接近西方，天氣就愈涼爽，彷彿就是因爲這樣，秋天的節氣，就和西方脫離不了關係了。

始於西南方的秋，同樣以立秋爲秋的第一個節氣，一個半月後則是位於正西方的秋分，代表秋已過半的節氣。再過一個半月後，進入立冬，秋季也就結束於西北方。

最能夠令人感受到美麗，總易讓人遐想的秋，也分爲六個節氣。立秋後暑氣仍濃，因此用處暑來說明「秋老虎，毒如虎」的炎熱氣候。再過半個月，換成了白露，主要是說天氣的確較涼爽了，至少夜間凝聚在樹葉上的露珠，不致因天氣過熱而被蒸發掉，早一點起床，應該是有機會和樹草上的露珠相照面的。

秋分和春分一樣，代表季節的均分，也是白天和晚上一樣長的節氣。一天之中，就會有愈來愈多的時間，爲黑夜所掩覆，當然天氣也就愈來愈涼快了。

秋深之後的台灣，最明顯的氣候，其實是日夜不停的季風颳起。在北台灣這日夜來襲的風，稱爲東北季風，到了北部的客家庄，被稱爲九降風，在屏東的恆春半島，則是世界知名的落山風。

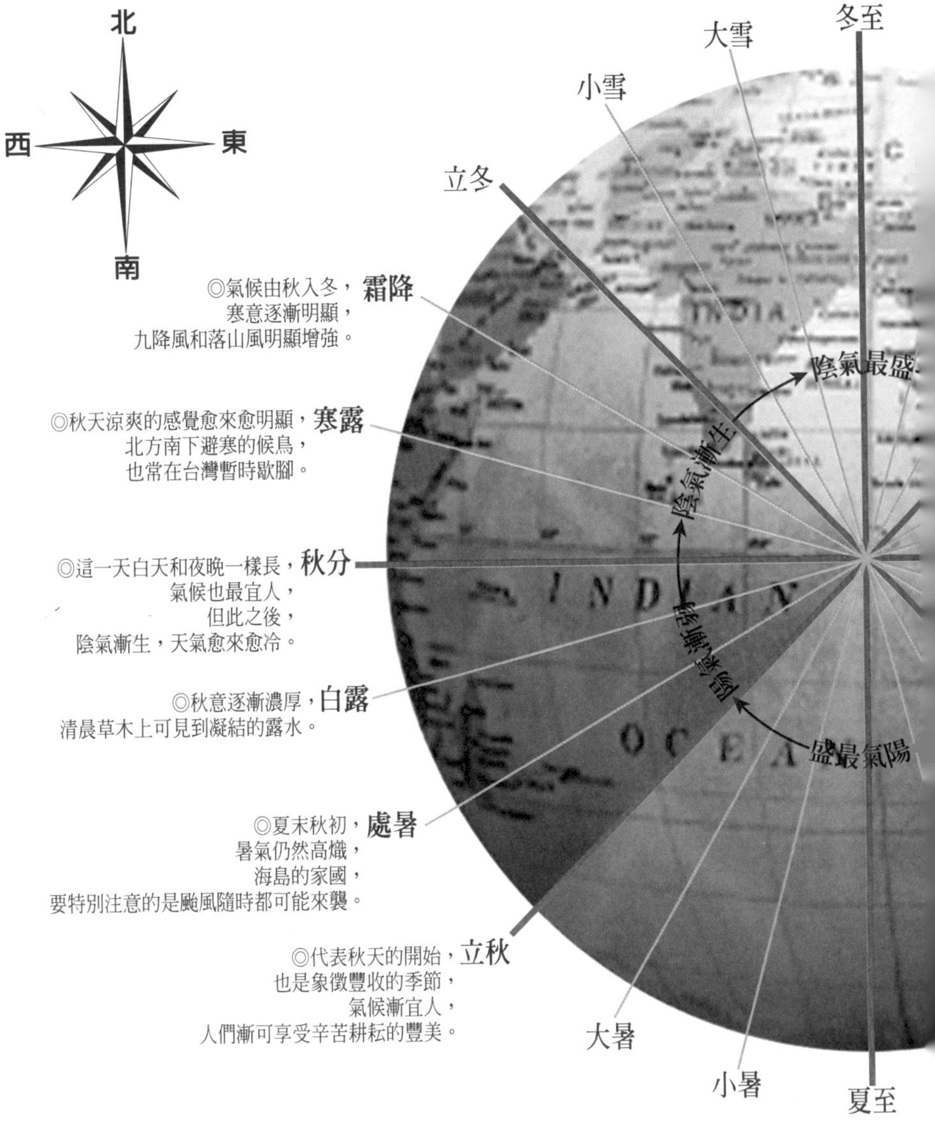
北
西
東
南
冬至
大雪
小雪
立冬
陰氣最盛
陰氣漸生
陽氣漸弱
陽氣最盛
◎氣候由秋入冬，霜降
寒意逐漸明顯，
九降風和落山風明顯增強。
◎秋天涼爽的感覺愈來愈明顯，寒露
北方南下避寒的候鳥，
也常在台灣暫時歇腳。
◎這一天白天和夜晚一樣長，秋分
氣候也最宜人，
但此之後，
陰氣漸生，天氣愈來愈冷。
◎秋意逐漸濃厚，白露
清晨草木上可見到凝結的露水。
◎夏末秋初，處暑
暑氣仍然高熾，
海島的家國，
要特別注意的是颱風隨時都可能來襲。
◎代表秋天的開始，立秋
也是象徵豐收的季節，
氣候漸宜人，
人們漸可享受辛苦耕耘的豐美。
大暑
小暑
夏至

第二輯 神佛正傳

七夕鵲橋訴衷情

——七星娘娘是孩童的守護神

農曆七月七日，俗稱七夕，
相傳是牛郎織女鵲橋相見的日子，
也是漢族最浪漫的情人節。
織女正是民間所崇拜的七星娘娘，
祂護祐著所有孩童平安長大。

七夕是漢人的情人節，也是漢族最富詩意的節日。在農曆七月初七這天，牛郎織女於鵲橋相會，早已成爲民間傳誦的佳話，而世人所熟知的織女，也被稱爲七星娘娘。

七星娘娘，民間俗稱七娘媽。相傳七星娘娘是兒童的守護神，每年農曆七月七日爲其聖誕，民間無不膜拜祈福，祈求祂護祐家中兒童能平安成長。除了被尊稱爲七星娘娘以外，還有七仙姑、七仙姊等名稱，也具有同樣的意義。七星原來是北斗星的總稱，道家稱爲天罡，但人間流傳的七星娘娘則是指牛郎織女傳說中的織女星。

▲七娘媽又稱為七星娘娘、七仙姑、七仙姊等。

牛郎星與織女星

《台灣通史》中說：「子女年十六、祀織女、祝成人，七夕夜祀雙星。」文中所提到的雙星是指牛郎星與織女星。這兩顆星隔著銀河遙遙相對，自古就被附會爲人格神，由此而產生一段淒美浪漫的神話。

牛郎織女的愛情故事是千古傳唱的話題，也是有關七夕來由的傳說。在夜涼如水的夏夜，點點繁星組成一條白茫茫的星帶橫貫南北，古代稱爲「天河」，後來則被天文學家稱爲銀河。

在銀河西邊，有一顆發出青色光輝的亮星，就是織女星；在銀河東邊的天鷹星座內，和織女星遙遙相對，放射著橙黃色光芒的，就是牽牛星，民間俗稱爲牛郎星，星圖則稱河鼓星。織女星旁邊有四個小星合稱漸台星，組成平行四邊形，象徵著織女的織布梭；牛郎星與旁邊的兩顆小星所構成的一副擔子，象徵著牛郎擔著的兩個小孩子。牛郎與織女的故事就是由這幾顆星所產生，而也是因爲這些美麗的星宿，才有護祐孩童的七娘媽信仰。

牛郎織女傳說

根據南北朝時期殷芸所著的《月令廣義》〈七月令〉記載，織女乃是天帝的女兒，居住在天河東邊，是一位非常艷麗的仙女，每天都在機杼上紡織，織成雲霞天衣妝點天際。而牽牛郎居住在天河之北，日出而作日落而息，勤於耕田。天帝對牽牛郎的勤奮欣賞萬分，於是就讓織女下嫁給牽牛郎。想不到兩人婚後恩愛異常，竟不再耕田與織布，天帝因而被激怒，立刻將他們分開，各居天河兩岸。一在南一在北，只准牽牛郎與織女一年一次在七月七日的夜晚渡河相會。

另外一種說法則更常被作爲戲劇的題材。故事中的牛郎父母很早就過世，與兄嫂一起生活，卻備受虐待。後來分家時，兄嫂故意分給他一隻年邁體衰的老牛，牛郎卻不以爲意，樂天知命地與老牛相依作伴。沒想到這隻老牛竟是天上金牛星所化，一天突然開口講話，對牛郎說：「過不久天上的織女與其他仙女會到附近的溪流中沐浴，如果你能偷到織女的衣服，就有機會娶她爲妻。」

到了那一天，牛郎遵照老牛的指示前往河邊，等待仙女降臨。不久，仙女與織女果然降臨河邊，在河中嬉戲沐浴。老牛趁此機會告訴牛郎如何辨識織女的衣服，下手時要眼明手快、如何如何……等等，牛郎一一謹記在心。正當牛郎翻找出織女的衣服準備離去時，眾仙女發現有凡間男子前來偷衣，驚慌之下紛紛上岸，穿上自己的衣服飛昇而去，只剩織女一人因爲沒有仙衣而不能飛天。

牛郎就趁著她孤身一人時，求織女嫁給他。織女第一次見到凡間男子，驚懼之餘又無衣可穿，只好勉爲其難地答應了。牛郎與織女成婚之後，男耕女織，織女也漸漸習慣凡間所謂幸福美滿的生活，生下一男一女。

後來，老牛明白自己的年壽將盡，就叮嚀牛郎在牠死後將皮留下，遇到急難時披上牛皮，必有奇蹟出現。老牛死後，牛郎強忍悲痛剝下牛皮，將老牛埋在山坡上。

七夕鵲橋相會

相傳織女乃是西王母的外孫女，祂與牛郎在凡間成親的事漸漸傳回天庭，西王母勃然大怒，想說自己的寶貝孫女怎麼能夠下嫁俗世的尋常人家，就命令天神下凡捉拿織女，硬生生拆散祂們好不容易建立起的家庭。牛郎眼睜睜看著織女被天神帶回天上，傷痛之餘，突然想起老牛的叮嚀，就立即披上牛皮，用一擔籮筐挑起自己與織女所生的兩個孩兒，才出門就身輕如燕，飛向天界。

轉瞬間牛郎與孩兒已來到銀河，與織女遙遙相望。西王母見狀，怒不可抑，拔下頭上金簪向銀河一劃，清淺的銀河竟變成萬頃波濤，牛郎再也無法前行。從此以後，牛郎與織女只能隔著天河相望，變成牽牛星與織女星。織女甩出的梭子，就成爲梭子星，而牛郎挑著的兩個小孩，則化身爲牽牛星左右的兩顆小星。

經過無數的歲月，西王母娘娘終於被牛郎與織女的眞情感動，就准許他們在每年農曆七月初七的夜晚相會一次。民間傳說，每逢農曆七月七日，天空中幾乎看不見喜鵲，這是因爲喜鵲在這天都到天河爲牛郎與織女搭橋去了，使祂們能夠跨躍天河而相見，而這座連繫有情人的溫暖橋樑，也因此被稱爲鵲橋。

兒童守護神由來

也有傳說織女是七仙女中的小妹，牽牛郎名叫董永，織女與牛郎結婚之後生下兩子，織女被帶回天庭，牛郎卻留在人間。

織女的六個姊姊，看董永一人難以撫養兩位孩兒，就暗中幫助這兩個小孩，使他們平安長大成人。因爲這個傳說，所以信眾都相信七仙女是庇祐孩子的神祇，尊稱祂們爲七星娘娘、七星夫人、七娘媽，普建寺廟奉祀，祈求孩子在七娘媽的庇祐之下，順利成長茁壯。

七娘媽做爲兒童的守護神，在民間特別受到婦女的崇拜與敬仰。孩子周歲時，可以向七娘媽許願，求賜「絭牌」掛在胸前，以獲得庇祐。十六歲時，還有隆重的成年禮，答謝七娘媽的照顧。而這些習俗，在二十世紀末期的台灣，也已經逐漸式微了。

▶七娘媽亭，少男少女滿十六歲後鑽過亭下，以示成年。

▲父母帶著孩子在七夕當天祭拜七娘媽。

鬼舉足而起其斗

——才高八斗的魁星爺

魁星爺爲民間奉祀的五文昌之一，與文昌帝君、關聖帝君、朱夫子、岳武穆齊名，其左腳翹起右腳踏鰲的造型，象徵「獨佔鰲頭」。時至二十世紀末期，魁星會雖已不復見，但每逢考季，祂仍是讀書人崇拜的對象。

自古至今，每逢酒宴的場合，酒過三巡或者正當痛飲之際，總會有人邀對方划拳罰酒。古時漢人划拳，常常會喊出「五魁首」來。爲什麼這樣喊，很多人都不知道理由，其實，「五魁首」與酒根本毫無關係，倒是與讀書人、知識份子有著不解之緣。

古人的奎宿崇拜

五魁即五經魁、五經魁首。明代科舉以五經分科取士，五經就是《詩》、《書》、《易》、《禮》、《春秋》五部儒家經典，每經所取第一名稱爲經魁。魁即首、第一之意。士子參加鄉試，每科的前五名必須分別是某一經的經魁，故稱五經魁，簡稱五魁。而經魁、五魁之「魁」字，則源自於古代漢人的奎宿崇拜。

奎宿是古代星名，又叫做天豕、封豕，是天上二十八宿之一，也是西方白虎七宿的第一宿。依現代天文學家的觀點，奎宿有十六顆星，包括仙女座九顆星和雙魚座的七顆星。

《春秋運斗樞》與《晉書》〈天文志〉認爲奎宿是出現在北方天空的北斗七星，其中第一顆到第四顆稱斗奎，第五到第七顆稱爲斗柄，斗奎又名璇璣，斗柄亦稱玉衡。民間所奉祀的奎星，即指北斗七星中第一顆至第四顆，屬於斗奎的部分，古代星宿家認爲這幾顆星各有所示，如《晉書》〈天文志〉言：「樞爲天、璇爲地、璣爲人、權爲時」，樞、璇、璣、權是這四顆星的名字，分別代表天地人時的意義。

奎星原本是天上星宿，爲何會變成主管文運之神？奎星又爲何會變成魁星？清代學者顧炎武在《日知錄》第三十二卷說：「今人民所奉魁星，不知何時何年開始，以奎爲文章之府，故立廟祀之，乃不能像奎，而改奎爲魁，又不能像魁，而取之字形，爲鬼舉足而起其斗。」

◀左腳翹起，右腳踏鰲的魁星爺，象徵「獨佔鰲頭」。

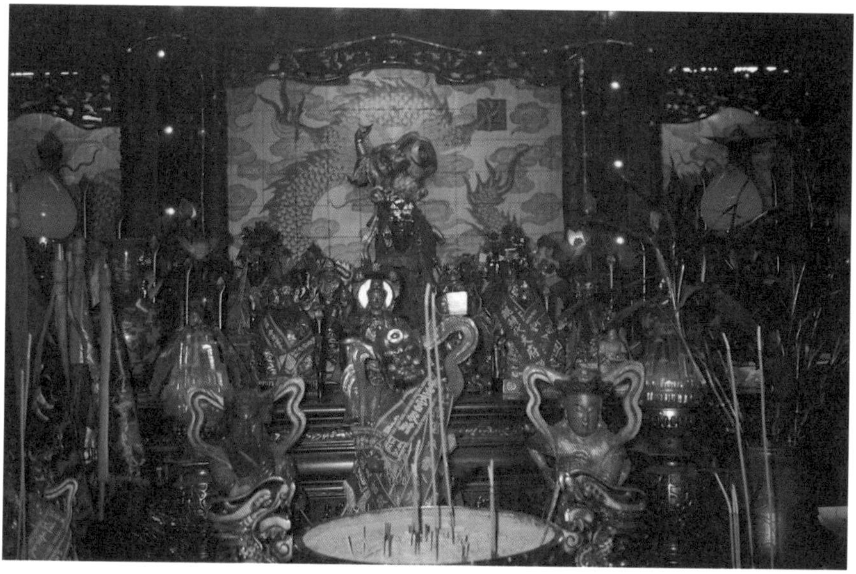

▶魁星會是舊時文人雅士相邀以赴的盛會。以羊頭、紅蟳象徵解元，由一人扮魁星告吉兆。

▲魁星爺與關羽、呂洞賓、朱衣夫子、文昌帝君合稱為「五文昌」。

《孝經緯》〈援神契〉中記載：「奎主文章。」，東漢時期宋均對這四字有注解：「奎星屈曲相鉤，似文字之畫。」由此可見，在東漢之前已有奎星主管文章的信仰，也就是奉奎星爲文神。但究竟是何時將奎星改爲魁星，就沒有詳細的記載。此外，封建時代常以「奎」代稱文章，文告、皇帝寫的字稱爲奎書、奎章，因魁與奎同音，並有首之意，所以科舉取得高第也叫做魁，第一名稱狀元，又稱魁甲。

由「魁」字望文生義，又可以被附會爲鬼搶斗、鬼腳右轉如踢北斗等。因此在一般寺廟中，魁星爺的形像多爲赤髮藍面，一腳立於鰲頭之上，一腳向後翹起如大彎鉤，一手捧斗，另一手執筆。此造型的意思，是用筆點定科舉中試的名字，此即所謂「魁星點斗，獨佔鰲頭」之意，被視爲考試者金榜提名的象徵。

魁星爺的傳說

唐宋之時，皇宮正殿台階的正中石板上，往往雕有龍與鰲的圖象，科舉中第的進士要站在宮殿台階下迎榜，而頭一名的進士就是狀元，照規定要站在鰲頭之上，故稱「獨佔鰲頭」。自古學而優則仕，魁星掌管文人的功名與成敗，所以深受傳統讀書人崇拜。

《史記》〈天官書〉有「魁爲參首」之句，對於寒窗苦讀的士子來說，榮中榜首自然是人人期望的目標，但是這個目標又不可能輕易達到，所以才會將星宿轉化爲人格神來祭祀，成爲精神的寄託，以安撫求取功名的得失心理。由人成神的魁星爺傳說，就是這樣形成的。

相傳魁星爺生前滿腹經綸，每次參加考試，若依其學識本來都應該中進士，但因他麻面、跛腳，長得非常難看，主考官面試時認爲以他的外貌如果擔任朝臣之職，必定會遭到議論，因此雖其才高八斗，也不敢錄取。魁星爺經過多次打擊與挫折，悲憤投水自盡，幸好被鰲魚所救，並將他載往天庭，玉皇上帝知其遭遇，就敕封他爲文魁星，擔任讀書人的守護神。

民間即根據這段故事，雕塑魁星爺的神像，將祂塑造爲麻臉、跛腳、足踏鰲魚之造型。這段傳說並沒有任何資料記載，也沒有道出魁星爺生前的名字。清代學者李調元曾說：「所謂魁星爺踢斗者，只不過藏一魁字，以爲得魁之兆耳。亦有觀魁星之象而得高科者，夢魁星之降而奪錦標者，豈天上眞有藍面赤髮之精而爲文星哉？則魁星不足盡信矣！」顯然以他的意見，根本就否定了魁星爺的存在。但在以讀書考試爲求取功名利祿之不二法門的漢人社會裡，關於魁星的祭祀仍然非常受重視。

魁星的祭祀

祭祀魁星從何時開始，已無從考證，根據以上的說法，應該與中國科舉制度有著密切的關係。在台灣，二十世紀初期的書院，早上開卷之前，依慣例要設案敬拜魁星，而且每一個學科都要奉祀魁星爺。農曆七月初七魁星聖誕之日，讀書人則要舉行月下拜魁星的儀式，供品爲龍眼、榛子、花生。龍眼代表狀元、榛子代表榜眼、花生就是探花，三果齊拜，也就是「三元及第」之意。

直到二十世紀末期，每逢考試或聯考，大多數的家長和學生仍會準備學生證與准考證的影印本，放在魁星爺的神案前，祈求能順利考中。有的廟宇會準備原子筆讓學生索取，筆代表魁星爺手中的神筆，在考試中能每一題都寫對。在台灣除了單奉魁星以外，也有與文昌帝君一同奉祀的。在鸞堂中，文昌帝君、關聖帝君、朱夫子、岳武穆王、魁星爺等被尊稱爲五文昌，同樣都是讀書人崇拜的對象，畢竟金榜題名，仍是每一個考生心中的願望！

遨遊天地大神通

——十八羅漢之目蓮尊者

相傳目蓮具有上天、下地的神通，是釋迦牟尼佛祖尊前的十大弟子之一，亦在民間奉祀的十八羅漢之列。「目蓮救母」是民間耳熟能詳的故事，同時也是後世盂蘭盆會的濫觴。

每年農曆七月十五日的中元普渡，是民間非常重視的民俗活動，佛教盛大舉辦的盂蘭盆會，也是在這一天舉行。盂蘭盆會的產生，則與一則民間故事有關，故事的主角是目蓮尊者。關於目蓮尊者的生平事迹和修道得道的過程，有許多傳說。

有關目蓮的傳說

有關目蓮尊者的事迹，根據《阿彌陀經》記載，祂乃是佛祖釋迦牟尼尊前十大弟子之一，民間並將祂奉祀爲十八羅漢尊者之列。目蓮之稱由梵語翻譯而來，又稱目犍連、大

▲中元普渡盂蘭盆會的盛況。

目犍連，全稱是摩訶目犍連。在中國、台灣都以目蓮簡稱。

相傳目蓮是天竺摩揭國柯利多村人，曾與舍利弗一起修行，參禪悟道以求解脫。一日舍利弗去聽釋迦牟尼說法，立刻開悟得脫，於是將此事告知目蓮。目蓮隨即前往竹圍精舍，聆聽佛祖教誨，也大徹大悟，皈依佛陀門下。目蓮後來成為佛陀十大弟子之一，被民間流傳為神通第一，曾經運用祂的神通之力，遨遊宇宙，上至天堂，下至地府。

目蓮救母與盂蘭盆會

關於目蓮的由來，民間還有另外一段傳說。目蓮的父親人稱傅員外，母親劉氏。傅員外與劉氏平時樂善好施、廣積陰德，時常供養僧眾，兩人結髮之後生下一子名叫目蓮。目蓮自幼天資聰穎，性愛禮佛。傅員外過世之後，目蓮就出家為僧，專心研究佛經寶典。

自從目蓮出家之後，母親劉氏獨居家中，被小弟慫恿，竟然開葷破戒、迷失本性，之後不但不敬神佛，而且也不供養僧道，不久就暴斃身亡。死後靈魂被拘押入十八層地獄，接受懲罰報應。目蓮在佛祖尊前廣誦佛法，得知母親在地獄遭受苦刑煎熬，心痛欲絕，決心要下地獄解救母親。

目蓮向佛陀請示救母之法，佛陀感其孝行，就賜他衣缽以及一支九環禪杖，助他開啓地獄之門。劉氏因罪孽深重而墮入餓鬼道，目蓮以缽盛飯，使母親解餓充飢，無奈食物入口，隨即化為火炭，不能飲食。

目蓮苦思救母之法不得其解，只好再向佛

▶十八羅漢之一的目蓮尊者。

陀求援，釋迦牟尼佛告曰：「你母親罪孽深重，非你一人之力所能如願，必須倚靠十方眾信以及威神之力。你可在七月十五日，準備百味五果放在盒中，供養十方大德，以解七代父母之厄難。」目蓮依言廣請僧眾祝禱行禪，使其母得以受食，然後背負母親通過滑油山、血污池、油鍋站、刀山劍林等，重返人世。

這段故事就是民間流傳久遠的「目蓮救母」，而目蓮以百味五果供養十方大德以盡孝道的行爲，也成爲後世盂蘭盆會之濫觴。

盂蘭盆是梵文譯音，或譯爲「烏藍婆拏」，意思是指解救倒懸之苦。目蓮在餓鬼道看到眾餓鬼孤魂，食物一旦入口即化爲火炭，必須借由僧道爲其化食以消除焰火，心中十分難過，誓願要爲他們解除苦厄。所以後來世人都在七月十五日延僧結盂蘭盆會，誦經施食、爲他們放焰口，救渡亡魂倒懸之苦，也就是民間俗稱的「普渡」。

十八羅漢同受膜拜

另一個傳說指出目蓮本是印度婆羅門教徒，皈依佛陀後，以大孝及神通聞名天下。有一日，目蓮尊者正在山上坐禪修煉，被婆羅門教團中的執杖梵志伺機謀害。目蓮早知此刀爲前世業報，在劫難逃，故從容就死。當祂過世之後，靈魂得以解脫肉身的束縛，超越三界輪迴的限制，在無餘涅槃的永恆境界中，守護芸芸眾生。

後世崇奉目蓮爲十八羅漢尊者之一，在一般祭祀觀世音菩薩的寺廟中，目蓮尊者與其他十七位羅漢分列於佛殿兩旁，同受善男信女的膜拜。

陰陽萬物之主宰

──傳說中的瑤池金母

瑤池金母，又稱王母娘娘，亦稱西王母，在道教記載中，與東王公共理陰陽之氣，調成天地，被視爲生育萬物之主宰，天地間至尊之神靈。相傳西王母曾經協助不少聖賢之人，如助黃帝退蚩尤，及派眾神助大禹治水等。

無論在民間文學作品，或者地方戲曲之中，都時常提到瑤池金母和祂的蟠桃會，「群仙慶壽蟠桃會」、「瑤池會八仙慶壽」、「麻姑獻壽」等典故也一直爲人所傳誦。

瑤池金母的傳說起源甚早，其仙跡早已融入先民的生活意識，成爲詩詞歌賦、章回小說、異聞筆記、歌舞戲劇、石刻壁畫等藝術型式樂於選用的題材，其傳說故事亦爲人所樂道。

楊雄的〈甘泉賦〉曰：「想西王母，欣然而上壽。」馬融的〈廣成頌〉云：「納僬僥之珍物，受王母之白環。」傅玄〈正都賦〉

▲有沈魚落雁之貌的西王母娘娘。

▼熱鬧的廟會遊行一直是民間祭祀活動的高潮。

說：「東父翳青蓋而遐望，西王母使三足之靈禽。」詩仙李白在〈大獵賦〉揶揄道：「哂穆王之荒誕，歌白雲于西母。」李商隱曾登回山作〈回中詩〉三首，其一有〈瑤池詩〉曰：「瑤池阿母綺窗開，黃竹歌聲動地哀。八駿日行千萬里，穆王何事不重來。」這些都是文學作品中提到瑤池金母的例子。

沈魚落雁的西王母

瑤池金母，又稱西王母，祂的身世自古以來即眾說紛紜，沒有一定的說法。

根據晉代葛洪《抱朴子》〈枕中書〉的記載，元始天尊在天中心之上，潛修於玉京山中。有一日，忽於石澗積血中，誕生「太元玉女」，號曰「太元聖母」。爾後太元聖母誕育天皇、扶桑大帝東王公，不久又復生九光元女，一名西漢夫人、西漢九光夫人，號曰「太眞西王母」。王母爲始陰之氣，治理西方之神靈，厥元氣練精，所以生育萬物，命則無終，抱一不離，故能長久。

以上是葛洪〈枕中書〉對西王母的描寫，而就《列仙全傳》所說，西王母又稱「龜台金母」，是西華至妙之眞氣，育化而誕生於神州伊川（行政區域後屬中國河南省洛陽縣）。王母俗名叫做楊回，字婉妗，一字太虛，配位西方，母儀天下，主掌陰靈之氣，爲洞陰之至尊。

西王母與東王公共理陰陽二氣，調成天地，陶鑄萬品，並合力考量男女眞仙之品德，以爲昇遷降黜之依據，總納眾仙品位等級之後，復向元始天尊稟奏，可說是生育萬物之主宰，調合陰陽兩氣之統領，天地間至尊之神靈。

《道藏三洞經》云：「金母爲第四神仙，地位次於東王父，金母本是太陰之元氣，姓「自然」，字「君思」，下治崑崙，上理北斗。」《史記》〈大宛傳〉說西王母是上古仙人，姓楊，或謂姓侯，名叫「回」，另外又有一個名字稱爲「婉妗」。

《道藏》〈道述經〉、〈茅君傳〉、〈博物志〉、〈漢武帝內傳〉等，對王母的尊容有詳細的記載：「王母上殿東西坐，著黃金褡襹，文采鮮明，光儀淑穆，帶靈飛大綬，履玄璚鳳文之屨，觀之，年約三十，修短得中，天姿掩藹，靈顏絕世，眞靈人也。」依書中記載，王母有沉魚落雁之姿、國色天香之貌，其繽紛妍麗、光采奪目之處，洵爲人間少見、仙界絕無、舉世無雙、靈顏絕世之女神。

半人半獸的西王母

根據以上眾書籍的記載，西王母是元始天尊與太元聖母所化，掌管陰靈之氣與生育萬物，而其尊容則是人間罕見的絕世女神。

但是《山海經》所說的西王母，就與其他書籍大不相同。《山海經》所說的西王母是半人半獸的神仙，雖有人的模樣，但有虎牙，而且有一條豹尾，蓬頭散髮，身軀戴著首飾，喜歡長嘯，執掌瘟疫以及五刑殘殺之氣，居住在崑崙山中的洞穴中。

〈大荒西經〉云：「有三青鳥乃西王母使者，赤首黑目，一名大鵹，一名少鵹，一名青鳥。」由這個記載看來，不只西王母身具異相，連祂的使者也都是奇特的飛禽。

《山海經》記載西王母是由人演化成爲神仙，而其他記載則指西王母是宇宙之主宰所化的自然神。《歷世眞仙體道通鑑》曾經提起西王母有女兒，其中有名可查者有五名：

(1)四女名爲「華林」，字「容眞」，號「紫元夫人」、「南極元君」，或稱「南極王夫人」。

(2)第十三女名「媚蘭」，字「申林」，號

「右英王夫人」、「雲林夫人」，或稱「滄浪雲林右英夫人」。

⑶第二十女，名叫「清娥」，字「愈音」，或「愈意」，號「紫微王夫人」。

⑷第二十三女名叫「瑤姬」，號「雲華夫人」。

⑸么女，名叫「婉羅」，字「勃逐」，號「太眞王夫人」。

王母育女多人，有事女兒代其效勞，書中所說王母乃天帝之女，而天帝在《道藏》記載分有青、黃、白、黑四天帝，王母到底是哪一位天帝的女兒，實在是無從考證。

西王母的仙鄉

西王母仙居何處，一直是眾人所迷惑的，史書雖有記載，但尚未成定論，較著名的有以下各種說法：

⑴根據《山海經》記載：「贏母之山又西三百五十里名叫玉山，是西王母所居也。」

⑵依《竹書紀年》記載：「穆王十七年，穆王征西崑崙丘，見西王母。」崑崙山是中國西方大山，分北中南三大支脈，北支爲陰山山系，中支爲北嶺山系，南支爲南嶺山系。古籍所說的崑崙是指中支而言，就是自巴顏喀喇山起，斜貫青海，東延甘肅、四川、陝西、河南、安徽等中國諸省而盡於洪澤湖畔。《史記》〈大宛傳〉、《漢書》、《十六國春秋》等古書所指之崑崙，只涵蓋中支之上段，也就是中國新疆、甘肅這兩省境內一部分。

⑶根據《穆天子傳》所云：「比及三年，將復而野，天子逐驅升於弇山，乃紀其跡於弇山之名，而樹之槐眉就是西王母之山。」所講的弇山就是後來的崦嵫山，是在中國甘肅省天水縣西面。

⑷《爾雅》〈釋地篇〉說：「觚竹、北

▶製作鑼鼓、木劍等法器的民間藝人。

戶、西王母、日下，謂之四荒。」文中所指的西王母是指位在西方的國度或是民族，這個說法指出，西王母可能是由地名所化，是居住在西方日落處的民族所信奉的神明，而考其源流，此種說法可能可以上溯至戰國時代人民對於西方日落處之民族的想像。

〈神仙傳〉說西王母住在瑤池，所以世人尊稱祂爲瑤池金母。瑤池是古代地名，屬於漢代的車師國，一說是姑師國，唐代時置有瑤池都督，後來改隸金滿縣，清朝時建阜康堡，也就是近代的中國新疆省阜康縣治。

綜合以上各種書籍，西王母所居住的仙鄉，到底是崑崙山的瑤池，或者是盛產玉石的玉山，是日頭落下之處的崦嵫山，或者四荒之一的西王國，還沒人敢確定，但是書中所講的都離不開崑崙山脈。不管是玉山、崦嵫山、崑崙山、西王國等，都在中國新疆、甘肅這兩省的境內。

西王母樂於助聖賢

西王母曾經幫助不少聖賢，如助黃帝平定天下，獻圖給舜帝，和幫助大禹治水。

根據《歷世眞仙體道通鑑》以及《西王母傳》的記載，西王母曾經大力鼎助黃帝平定天下。黃帝是有熊國國君少典的兒子，那時候還是神農氏的天下，而當神農氏世系衰微之時，諸侯互相侵犯，暴虐百姓，於是黃帝起兵征討，賓服於諸侯。

當時盤踞南方的蚩尤最爲兇惡，黃帝在西泰山會合天下諸侯時，蚩尤雖表面臣服，卻於背後發動戰事。他善於變動邪術，常於雙方激戰時呑雲吐霧，呼風喚雨，使黃帝的軍隊迷失方向而節節敗退，只得歸息於泰山之陰。

正當黃帝苦無良策以應付蚩尤時，西王母派遣九天玄女，前來傳授黃帝三宮五意、陰陽之略、太乙遁甲、六壬步斗之術、陰符之機、靈寶五符五勝之文等術略，以及行軍佈陣之法。聰穎過人的黃帝參考王母所贈送之符籙祕法，自己發明了指南車來指引方向，果然戰力大增，大敗頑強的蚩尤，從此天下太平，建都在逐鹿。經過數年，西王母又派遣白虎神前來，贈送地圖一冊，黃帝領悟之後，劃分天下爲九州。

舜帝攝政之時，西王母曾親率侍女，捧持白玉環寶物前來祝賀。舜帝連連稱謝，而不敢恭受，金母說道：「聖賢之人執政，吾應來朝敬獻。」後來舜帝正式即位，金母又派始者前來祝賀，並贈送一本地圖，使舜帝領土由黃帝所劃分的九州擴展爲十二州。所以詩人鮑容的〈懷仙詩〉說道：「西王母持地圖，來獻虞舜。」

大禹治理水患，是一件破天荒的大事，人民、天神皆前來幫助，瑤池金母也曾派遣第二十三女雲華夫人瑤姬下凡相助，傳授大禹上清、寶文、理水之策。

周穆王西征見王母

曾經見到西王母聖顏的人非常少，黃帝、舜帝、大禹曾經見過，還有兩位帝王也曾經與西王母相處片刻，一位就是周穆王，另外一位就是漢武帝。

《穆天子傳》相傳是晉太康二年（二八一年）盜墓人偷挖墳墓時所挖到的，書中有周穆王西征見王母的故事。這本書問世之後，有關西王母傳說，在民間流傳極爲廣泛。

書中說周穆王爲慶賀西王母聖誕，特備白玉、玄陛、織錦等壽禮。又命令身邊的大臣造父，精心調養八匹駿馬，親自前往崑崙拜謁西王母，此即《穆天子傳》所云：「命八駿與七華之士，使造父爲御，西登崑崙而賓於王母，穆王持白珪織錦爲王母壽。」

而王母亦設宴款待遠來貴賓，並同時在瑤池飲酒賦詩，幽懷逸趣，辭短韻長，王母曰：「白雲在天，山陵自出，道路悠遠，山川間之，將子無死，尚能復來。」穆王答曰：「于歸東土，和治諸憂，萬民平均，吾還見汝。」這段話指出，西王母認爲二人相距遙遠，且山川阻隔，若能長生不死，有朝一日，盼望再到瑤池相會。而周穆王的回答是說，等我回朝辦好國事，國泰民安，一定會再次拜見。

經過三年了後，穆王果眞再謁瑤池與王母相見，金母又吟詩一首：「嘉命不遷，我惟帝女。」隨後周穆王復登瑤池之弇山，此番重遊，盤桓三十六日，遍賞名山勝地，又在弇山山頂巨石刻「西王母之山」五大字。

台灣關於西王母的信奉

瑤池金母聖靈鸞駕最初到達台灣花蓮縣吉安鄉北昌村，是在一九四九年，歲次乙丑農曆六月十三日，或者一說是農曆二月十八日。自從瑤池金母聖鸞降駕到花蓮縣吉安鄉之後，台灣瑤池金母的信仰就發展的相當快速，信徒遍佈全台，其信眾組織縝密，規律教義嚴整，最特別的是，信仰瑤池金母的信眾向心力都非常強，樹立親如兄弟姐妹的宗教團體典型。

每一個西王母的義子義女見面都以師兄、師姐稱呼，信仰瑤池金母的宮堂都以慈惠堂或者勝安宮、瑤池宮、王母宮等爲宮名，在台灣將近有一千間的廟宇。義子義女尊稱王母爲西王母、王母娘娘、金母元君、西華金母、太靈九光龜台金母、九靈太妙龜山金母、金母娘娘、西漢夫人、西漢九光夫人、瑤池金母、瑤池金母大天尊、無極瑤池金母等，俗稱母娘。農曆七月十八日爲其聖誕之日。

▶酬神歌仔戲〈蟠桃會〉。

斬蛇除害三兄弟

——法力無邊的法主公

法主公原爲中國福建一帶所信奉的神明，隨著福建移民渡海來台，被奉祀爲守護神。相傳法主公鎮邪押煞的本領非常高明，因此各派法師、道士都對其十分尊崇，同時祂也是民間流傳的斬蛇英雄。

法主公原本是中國福建省永春、安溪一帶居民所篤信的神明，在福建移民渡海來台開墾之時，被奉爲守護神而迎請到台灣，最早被奉祀在台北的大稻埕。又被尊稱爲張聖眞君，都天聖君、張公法主、張法主公聖君等等。

在台灣道教中，有兩個小派系：三奶派與法主公派。三奶派奉祀三奶夫人、陳靖姑、林九娘、李三娘等，是主治產厄以及破關過限的神祇；而法主公派所奉祀的三位祖師，雖然由於各種傳說而產生不同的組合，主要的職責都在驅魔押煞。相傳，法主公鎮邪押煞的本領非常高明，並且法力無邊，因此台灣各地的道士不管哪一門派，對法主公的奉祀都相當虔敬。

民間傳說的法主公

民間對法主公的生平由來有多種說法，但內容大多與斬除蛇怪有關。

第一個傳說中的法主公是宋朝人，俗名叫做張自觀，在蕉溪山石鼓巖修行多年。宋高宗紹興年間（十二世紀初期），張自觀發現石牛山夜火熒熒，情況有異，馬上就屈指推算，明白此地藏有妖孽，因此就連同蕭姓與章姓兩位結拜兄弟前往探查，果然在山中發現一個洞穴，深二丈，洞中有三尾巨蛇。

這三尾巨蛇因修煉千年，已盡得山川靈氣、日月精華，並能幻化人形，時常出來爲害村民。張、蕭、章三位結拜兄弟，入洞與巨蛇拚鬥，結果三尾巨蛇不敵，急奔洞外，

▲斬蛇除害的法主公三兄弟，原本是中國福建永春、安溪一帶民衆篤信的神明。

三兄弟也追趕而出，最後將三尾巨蛇斬殺於石牛山山頂。相傳石牛山山頂仍有斬殺巨蛇的寶劍，插在石上，從此村民就不再受到蛇精的侵擾。

到了元代初期，蕉溪一帶又有巨蛇出現，居民深以爲苦，祈禱求助於法主公。不久，毒蛇就被暴雷擊斃，於是鄉民對法主公的靈威，更是信服不已。因此在仙苑鄉（行政區域後屬中國福建省）建造一間宮廟來奉祀三位兄弟，廟名爲碧靈宮。

第二個傳說指法主公是姓張的三兄弟。宋代時期，有一巨蛇盤據在石牛洞，已經一千餘年，此蛇精神通廣大，時常出來吃人，使村民寢食難安、人心惶惶，張姓三兄弟由於臂力過人、精通武藝，眼見巨蛇爲害鄉里，就決定挺身而出爲民除害。

三兄弟手持刀劍入洞，合力圍攻巨蛇，混戰之中，老二中了蛇精噴出的毒氣，全身變

▲每年七月廿三日的法主公誕辰，信衆紛紛前來膜拜。

◀香火鼎盛的台北法主宮廟，是由碧靈宮分香而來的。

千慧美容
慧
美容院

▲法主公之一的張公因與巨蛇搏鬥時被毒煙噴到，因此造型為黑面、右持利刃、左握法旨。

黑，老大與老三奮力一搏，最後斬殺了蛇精，然而三兄弟完成任務後，卻未走出石洞。相傳有人曾經在洞口看到一縷青煙緩緩上升，因此傳言是三兄弟已經升天爲神。蕉溪（行政區域後屬中國福建省）的鄉民爲感念三兄弟爲地方除害的恩德，便在蛇洞內建廟供奉祂們，並尊稱爲法主公。

法主公的造型與奉祀

在第三個傳說裡，蛇精出現在九龍潭（近代屬中國福建省行政區域內），而法主公同樣是三位，分別姓張、蕭、洪。有一日蛇精浮遊於潭中，三人跳入潭中圍攻，張公扼住蛇頭，蕭與洪則合力攻擊，張公無意中被蛇精口中噴出的巨毒黑煙噴到，臉部馬上變黑，蕭公眼見情況危急，拿起斧頭向蛇精砍去，蛇精拚命躲避，斧頭竟意外傷到洪公額頭，蕭公見狀，滿臉羞紅。最後三人合力誅殺了蛇精，同時化爲一道青煙昇天而去。相傳三位兄弟昇天之後，追隨太乙眞人學道，此後法力無邊，爲世人所崇敬。

元代大德年間建造碧靈宮來奉祀這三位兄弟，並尊稱爲法主公聖君，因祂們與巨蛇拼鬥時，張公被毒氣所傷，臉部變黑，蕭公因誤傷洪公而臉色羞紅，洪公被蕭公斧頭砍傷額頭；所以後人以這三種特徵來雕刻金尊供奉：張公黑臉、右持利刃、左握法旨，蕭公朱面、手執斧頭，洪公額頭有一疤痕。

第四種傳說則與蛇精無關。相傳在福州（行政區域後屬中國福建省）某座橋下有一間神廟，神廟建於河底，廟門三千年開一次，若有人巧逢開門之日進入廟內，便可得到精深的法力。有一日河面忽然出現一隻鱷魚向人乞食，眾人見狀懼怕萬分，一連十幾天無人敢接近橋面。適逢法主公經過，隨手丟一塊肉讓鱷魚吞食，鱷魚感激之下，擺動尾巴寫出「如山大法院」五字，並載法主公沈到河底神廟，從此法主公道術日益精進，負起懲治下界惡人，以及使善人登天的職務。

綜合四種傳說，產生了法主公信仰。儘管前三個傳說裡，法主公有三位，而最後這個故事的法主公只有一位，但民間仍以三位來奉祀，並且大多是奉祀張、蕭、洪三位，僅有少數廟宇只奉祀張公法主一位而已。台灣香火最盛的台北法主公廟，是由碧靈宮分香而來的，每年七月二十三日舉行的祭典，鑼鼓喧天，熱鬧非凡，有興趣的朋友，不妨自己去看看！

地獄不空不成佛

——地藏王具有慈悲心腸

地藏王菩薩，又稱酆都大帝，或爲幽冥教主，相傳祂承受釋迦牟尼佛之神力，分身萬千，在「無佛時期」負起普渡六道，引導五濁惡世的責任。其「地獄不空，誓不成佛」的弘願，爲後世所景仰，而「我不入地獄，誰入地獄」也正是祂神格的寫照。

漢人自古是一個可以接受任何宗教的民族，上古之時，只有道家、儒家，但後來自印度引進佛家之法，不久就傳遍整個中國。二十世紀末期的台灣，宏揚佛法的高僧法師非常多，信徒也與日俱增，每一位法師或信徒都以虔誠的心靈來追求佛法的世界。在所有被信仰、奉祀的神佛之中，具有慈悲心腸的地藏王菩薩，是最受人尊敬的。

慈悲的地藏王菩薩

地藏王菩薩的梵名是「乞叉底孽婆」，《地藏十輪經》中記載：「安忍不動猶如大

◀地藏王菩薩又稱酆都大帝或幽冥教主。

南無
地藏王菩薩

地，靜慮深密猶如地藏」，前句取「地」，後句取「藏」，故名「地藏」。祂承受釋迦牟尼佛之神力，分身千萬，遍及百千萬億世界，在釋迦佛祖寂滅之後，及未來佛彌勒未下世之前，這段無佛時期裡，負起普渡六道，引導五濁惡世的責任。

地藏王乃「願門之主」，曾經發大誓願：「眾生渡盡，方證菩提，地獄不空，誓不成佛」。祂在各時期有不同的化身，在「不可說」、「不可說劫」時期，地藏王曾在佛陀面前立下大願：「我為罪苦六道眾生，廣設方便，眾生解脫苦海，而我自身方成佛道。」佛法說凡人過世之後，要經過地獄、餓鬼、畜生、阿修羅、人間、天上這六道輪迴，而地藏王之大願是渡盡地獄眾生，否則就不願成佛。

在不可思議阿僧祇劫之時，地藏王菩薩本是婆羅門的女子（婆羅門是印度古代社會中最高貴的族群），父親名叫尸羅善現，母親名叫悅帝利。悅帝利信邪不敬三寶，死後神魂墮落無間地獄，地藏王就變賣家產，廣求香花在佛寺供養諸佛，祈求佛祖指示母親的去處。

此時，「覺華定自在王」如來，見地藏王思母至深，就前來告示，「如你供養諸佛完畢，就回到家中，端坐稱念『覺華定自在王如來』名號，即可知母親的去處。」地藏王叩拜完畢，即時回到家中端坐，專心稱念「覺華定自在王如來」的名號，經過一天一夜，見自己來到海邊，海浪洶湧，惡獸、夜叉出入其中，專食男女罪人。

地藏王看見此景，就執念佛力，無憂無慮，不久有一「無毒」鬼王前來稽首。地藏王就詢問鬼王，求其告知地藏王母親的神魂拘留何處。鬼王就問：「菩薩之母生時作何行業？」地藏王說：「我母邪見，輕視三寶。」鬼王再問：「菩薩之母，叫何名字？」地藏王回答：「母親的名號叫做悅帝利」。無毒鬼王聽完後合掌而言：「悅帝利罪女，有孝子爲母設供，修福布施，有此功德，已得脫地獄，在覺華定自在王如來塔寺，倖免在無間地獄受苦。」

地藏王菩薩醒來之後，馬上來到覺華定自在王如來塔寺前，立下誓願，願盡未來之時，普渡罪苦眾生，廣設方便之門，令諸苦眾生鬼魂都能獲得解脫。

在無量阿僧祇那由他不可說劫時期，有兩位國王，同行十善，廣益眾生。其中一位國王發願早成佛道，以渡眾生，佛號爲一切智成就如來；另外一位國王，發願永渡罪苦眾生，未如願則不成佛，祂就是地藏王菩薩。

孝心感動如來

另有一說，地藏王在無量阿僧祇劫時，名叫光目女，母親過世之後，有一羅漢福渡眾生，巧遇光目女，就設食供養之。光目女想要知道母親死後是在西方極樂世界，或者其他地方，就請示羅漢。

此羅漢入定觀之，就向光目女說：「汝母在世作何行業？爲何今在地獄，受其苦刑？」光目女回答：「我母在世，好食魚鱉之物，有時炒有時煮，盡情享受，計其命數，千萬復倍，不知尊者如何拯救？」羅漢言道：「汝誠心稱念：清境蓮花目如來，並塑畫形像誠敬供養，必定能有所感應。」光目女就以恭敬之心供養佛像，而且以虔敬的心境來禮佛。

有一天，光目女夜中夢見金黃耀眼大放光明的清淨蓮花目如來，對祂說道：「你的母親會誕生在你家中。」不久，家中女婢果然生下一子，未滿三天，就稽首合掌悲泣，對光目女說：「生死業緣，全是自作自受的。

▲地藏王為掌管地獄之神，舊時民間對祂的敬奉相當虔誠。逢其誕辰，寺廟有「地藏王會」，俗稱「拜香會」。

菩薩
奉獻
庵

我前生是你的母親，過世之後，即墮入冥暗的地獄之中受苦，現在蒙你供佛的福力，方得轉生爲下賤之人，但只有十三歲的壽命，就要再次墮落惡道。」

光目女聞言痛哭失聲，珠淚如雨，馬上在清淨蓮花目如來佛像前發願：「願我之母，永脫地獄，十三歲壽終後，不必再經歷惡道。願十方諸佛，清淨蓮花目如來，慈哀愍我，聽我爲母所發廣大誓願。」又說：「我母若得永離三塗，並離下賤，乃至永劫離女人身者，我願今日以後百千萬億劫，誓願救拔所有的世界、所有的地獄，以及三惡道諸罪苦眾生，令離地獄、畜生、餓鬼等，如是罪報等人，盡皆成佛，然後我方成正覺。」

其後，由光目女的母親轉世之童子，享壽十三歲，接著又轉生在無憂國土，壽命是不可計算的，成佛之後，廣渡無數眾生。光目女因立下誓願：地獄眾生未成佛果，不願爲佛，仍然留在世間，以大慈大悲的心境護祐世人，成爲世人所尊敬的地藏王菩薩。

台灣的地藏王

前文所述是根據《地藏王本願經》的描寫，這二個因孝心而感動如來的地藏王菩薩，都是女人之身，而台灣信徒所熟悉的，大多是從韓國來到中國九華山修道的地藏王菩薩。

地藏王菩薩生於六二九年的新羅王國，就是二十世紀行政區域上的韓國，也有一說，地藏王菩薩生在唐朝武則天登封元年（六九六年），姓金名喬覺，是新羅國第七代國王金理洪的兒子，七歲的時候，父親就過世，王位由叔父金興光繼承。

金喬覺雖然身爲王子，但一點都不高傲，生性非常的淡泊、樸實，自幼喜愛典籍、經文。在金喬覺二十四歲時，就剃髮出家，離開宮中，帶著一隻白犬名叫「善聽」，單獨航海離開仁川港口。船開到中國的長江時，受阻於港口的沙灘，就棄船上岸，一心要找尋適於修道的名山大川。

經過千辛萬苦，金喬覺來到中國安徽省青陽縣的九華山，認爲此山爲適合修道之處，就在九華山東崖岩上苦行修道。他在九華山廣設道場，坐禪誦經以超渡眾生，山民諸葛節被他的佛法所感動，就四處奔走募捐，郡守張岩也施捨大量錢財，建成寺廟，而且還表奏朝廷，命此廟名爲化城寺。

金喬覺在化城寺廣納善信，教導佛法，由於他慈悲爲懷，深爲信徒敬仰。同時他繼續潛心苦修佛理，並抄寫大乘佛教的四大經典，送給信徒，以廣弘布施。他在九華山弘揚佛法之名，傳到新羅國後，新羅國佛教僧眾，紛紛前來九華山，追隨他學習佛法。雖然信徒人數眾多，佛法得以廣布，但是僧多米少，不久糧食就發生問題。

後來金喬覺著手在寺院邊開發泥土地，準備要補充糧食的不足。但深受他教化的僧眾，看見此景就紛紛跪拜，並說道：「願請法食來資養慧命，不以物食而延長壽命。」金喬覺聽到這些話，內心非常感動，明白眾寺僧已知哲理佛法，頓悟見眞性，這也就是佛教中所讚譽的「南方的枯槁眾」。在九華山修道悟佛的日子裡，糧食問題可說是最大的困難。附近村民知道這件事情後，就不斷來供養米糧，幫助他們擺脫三餐不繼的艱困狀況。

有一次，金喬覺端坐禪定之時，突然被一隻毒蠍咬傷，但他依然不動危坐如故。此時，由壁中飄下一位美貌女子，稽首言道：「方才小兒無知，瀆犯尊身，請菩薩慈悲爲懷，開恩下罪，妾身願出新泉以補小兒過失。」言畢就消失不見。不到一分鐘之後，九華山巖壁就流出泉水，這就是九華山有名的東巖龍女泉。有了此泉，眾寺僧就不再受外出擔水之苦。

菩薩鉤鎖百骸鳴

在九華山化城寺苦修佛道七十五年後，金喬覺於唐玄宗開元十六年（七二八年），或說於唐德宗貞元十年（七九五年）七月三十日，端坐圓寂，享年九十九歲。金喬覺圓寂之後，眾僧將其肉身安奉在石函中。經過三年，開啓石函，發覺其肉身沒有任何損壞，而且面目如生，眾人跪拜禮敬，恭迎其肉身進入神光嶺月身寶殿，俗稱「肉身塔」。肉身進塔時，只聞骨節搖動，猶如金鎖憾鳴，所以後來經文上可以看到「菩薩鉤鎖，百骸鳴矣」的記載。

由於金喬覺生前篤信地藏王菩薩，而且傳說他的容貌與地藏王非常相似，所以眾寺僧以及信徒就覺得他是地藏王的轉世化身。又因爲他姓金，所以被世人尊稱爲金地藏。詩仙李白曾經來到九華山，並且有一首詩贈送給金地藏：「賴假普慈力，能救無邊苦」。

在地藏王菩薩兩旁有兩位脅侍：閔公及道明尊者。相傳閔公生前爲九華山山主，是一位樂善好施之人，時常請地藏王到家食齋。有一次，地藏王爲了要渡眾生而開闢道場，就向閔公化九華山的地。閔公欣然同意，地藏王將身上的袈裟拋向空中，袈裟竟然由小變大，將整座整個九華山罩住。閔公看見此景，明白地藏王佛力無邊，歡喜之下，將九華山捐獻給地藏王做爲道場。道明尊者則是閔公之子，因敬仰地藏王的德化典範，就在化城寺出家，追隨地藏王禮佛。他們父子過世之後，就成爲地藏王的左右脅侍。

有很多人把地藏王與目蓮尊者當成同一人，其實地藏王是菩薩，目蓮是十八羅漢的

▲誓言「衆生渡盡，方證菩提，地獄不空，誓不成佛。」的地藏王菩薩。

尊者，只因爲祂們同樣要救母親離開地獄，所以才被混爲一談。

根據《歷代神仙通鑑》記載，地藏王是天庭的金蟬子所化。金蟬子觀地獄衆生受罪之苦，發大慈悲，誓願救衆生於三惡道之中。所以就托生於新羅國，自幼出家，聖名守一，欲借佛祖之法門，作陰司之寶筏。太上老君對金蟬子說：「君當爲幽冥教主，作東土佛家之法主，無庸謙讓也。」金蟬子則表示：「我雖轉生東土爲佛，但地獄之門不關閉，吾不爲佛也。」

佛家、道家的記載雖然有所不同，但地藏王菩薩的誓願，同樣爲人所尊敬。地藏王的聖誕千秋，是在農曆七月三十日。民間在這一天，都會舉行祭典和法會，來表達內心的崇敬。事實上，了解地獄之苦，明知地獄衆生難有渡盡的一天，仍願發此慈悲大願，並且說到做到的，恐怕也只有地藏王菩薩了！

討海人的守護神

——能呼風喚雨的龍神

龍爲四靈之一，自古被漢人視爲吉祥動物，自伏羲氏統一各部落後，即成爲漢人王朝的象徵，所有的炎黃子孫都自稱爲龍的傳人。民間相傳龍王可以興風作浪、呼風喚雨，因此爲求地方平安，沿海各地皆有龍王廟。

龍自古就被漢人視爲靈獸，也被看成是吉祥的象徵。上古時代有關龍的記載非常多，像《易經》中有「潛龍」、「飛龍」、「亢龍」等，《楚辭》說：「日安不到，燭龍何照。」《左傳》桓公五年記載：「龍見而雩。」幾乎每一個朝代都有提到龍的典籍與記載，但到底龍的形像如何？千古以來卻一直是個眾說紛紜的不解之謎。

龍的傳說

明代詩人謝肇淛在《五雜俎》第九卷中有龍的描寫：「角似鹿、頭似駝、眼似鬼、項似蛇、腹似蜃、鱗似魚、爪似鷹、掌似虎、耳似牛。」根據這些形容，龍似乎是世界上很多動物的綜合體。

明代李時珍說：「龍口旁有鬚髯，頷下有明珠，既能變水，又能變火，龍有八十一鱗，具九九之數，有鱗爲鮫龍，有翼爲應龍，有角爲蝦龍。」《說苑》〈辨物篇〉形容龍爲萬能之物：「神龍能高能下，能爲大能爲小，能爲幽能爲明，能爲短能爲長。」幾乎每一本書中關於龍的記載，都將龍形容得神乎其技，一直到二十世紀末期的學者徐亮之，才在《中國史前史話》中對龍有進一步的解釋。

徐亮之認爲，龍是代表古代氏族的圖騰標識，古時候的人，選擇某一種動物圖象做爲自己部族的象徵，是常有的事，散居各地的氏族，往往具有不同的圖騰標識。舊石器時代末期，原居住在中原地區的氏族互相兼併。在以蛇爲圖騰的伏羲氏打敗了其他部族之後，爲了促進新政體的團結，乃綜合其他氏族的圖騰標識，創立了新的龍圖騰，這也就是龍全身各部份分別近似某種動物的原因。正因龍是伏羲氏統一各部落之後，所形成的新王朝象徵，所以所有炎黃子孫都喜歡自稱爲龍的傳人。

在古代漢人觀念裡，龍與雲有密切的關係，古人認爲龍是施雨的神獸，也流行一句話：「雲從龍，風從虎」。東漢王充在《論衡》第六卷〈龍虛篇〉就指出當時的人民以爲龍能致雨，《論衡》中說道：「龍與雲相招，故漢武帝身邊大臣董仲舒雩祭之法，設土龍，以爲感也。」這幾句話的意思，就是說當時的人民，若遇到乾旱時，就做一條泥土捏成的土龍，希望能招來眞的龍，祈求龍能施雨化災。

但也有人認爲雨不是龍所降的，宋代陶穀

▲民間相傳，海龍王能夠呼風喚雨、興風作浪。

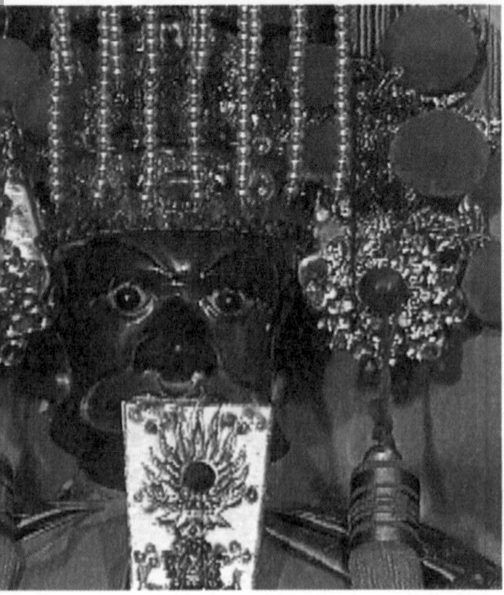

▼四海龍王「光」、「順」、「明」、「吉」，掌管東西南北四海中的所有生物。

《清異錄》中說：「無雲雨而降，非龍而作，唐人號爲奇水」。現代科技進步，世人已能了解爲何會下雨，以及爲何天上有雲。龍能施雨的傳說，也就不再被看成是理所當然的了。然而到底龍從何處而來？到目前也無法確定。古代帝王認爲自己就是龍的化身，也認爲自己是眞龍本命，自稱爲眞命天子，所以提到龍就是代表皇帝。皇帝所穿的衣服稱爲龍袍，所生的兒子稱爲龍種。同時還衍生出以五爪龍代表皇帝，四爪龍代表大臣，魚龍代表太監的說法。此外還有有「龍生九子」之說。

龍生九子各有所好

《天錄識餘》中說：龍子九種，各有所好：

(1)贔屭形象龜，好負重，爲石碑下龜趺；

(2)螭吻，形像獸，性好望，屋上獸頭也；

(3)蒲牢，像龍而小，性好吼，爲鐘上鈕；
(4)狴犴，形像虎有威力，立於獄門；
(5)饕餮，好飲食，立於鼎蓋；
(6)蚣蝮，性好水，立於橋柱；
(7)睚眥，性好殺，立于刀環；
(8)金猊，形似獅，性好煙火，立于香爐；
(9)椒圖，形像螺蚌，性好閉，立于門鋪。

這九種就是傳說中的龍子，但這九子長得並不像龍。

在《五雜俎》中說道：「龍性是淫，故與牛交合，則生麟；與豕交合，則生象；與馬交合，則生龍馬。」因爲這些書的描寫，致使後人形容龍所生的動物，與本來的龍有很大的差別。有關龍的傳說，至今仍議論無定，所有龍的圖象，都是出現在電影、電視、圖書，或者廟宇的建築上，實際上從來沒有人看過眞正的龍。

關於四海龍王

由傳說中的龍演變爲神的共有四位，就是《封神榜》與《西遊記》中所記載的四海龍王。明代陸西星所作的《封神榜》一書中，曾提起四海龍王：東海龍王名爲敖光；西海龍王名爲敖順；南海龍王名爲敖明；北海龍王名爲敖吉。這四名龍王奉玉帝旨令，執掌東西南北四海，所有海中生物皆受其管轄。其中以東海龍王的故事流傳最廣。

相傳有一次中壇元帥李哪吒在東海九灣河戲水，震動了龍王宮，龍王就派第三太子敖丙上岸觀察究竟。敖丙上岸後與哪吒大動干戈，被哪吒以金光環打死。哪吒又抽了敖丙的龍筋，雙方結下不解之怨。東海龍王心有不甘，上天庭稟告玉帝，又被哪吒刺得遍體鱗傷，最後率領其他三位龍王，前往李府理論。哪吒爲了避免累及父母，才自剖其腹，散了三魂七魄，從此了結與東海龍王的恩怨。

清代時期，天子與百姓都對四海龍王敬重萬分，清雍正二年（一七二四年），世宗敕封四海龍王封號：東海龍王爲顯仁，南海龍王爲昭明，西海龍王爲正恆，北海龍王爲崇禮。清乾隆十七年（一七五二年）編修的《台灣縣志》也有龍王所封的記載。

龍王在民間小說作者描寫之下，卻是一位老邁無力，時常被神人欺壓的對象。民間傳說裡的孫悟空，大鬧水晶宮時手中所提的金箍棒，就是取自龍王宮的宮柱，而魏徵夢中斬龍王的故事裡，龍王也一直軟弱無助。還有台灣金湖港的傳說，老龍王施雨降災危及數千人，最後被玉帝懲罰，變成巨鯨死在海邊，任漁民割肉煮食。

自古至今，有關龍與龍王的記載很多，在道藏《靈寶威召龍王妙經》，以及《太上洞淵說請雨龍王經》裡也有關於龍王的記載。

道藏《太上洞淵說請雨龍王經》中的〈太上洞淵召諸天龍王微妙上品〉言道：「龍王有東方青帝龍王，南方赤帝龍王，西方白帝龍王，北方黑帝龍王，中央黃帝龍王。」這五方龍王執掌一百八十靈海，三十二獄海中的日月龍王、星宿龍王、山川龍王、鎮國龍王、五岡龍王、山海龍王、州縣龍王、散水龍王、大雨龍王等，共八萬四千位。世人認爲龍王可興風作浪，呼風喚雨，因此心存畏懼，爲保地方平安，沿海各地皆有龍王廟。

除此之外，龍也是四靈之一，被視爲吉祥的動物，所以廟宇、宮殿，或是皇帝所居住的宮室，都會雕龍以表高貴、莊嚴。台灣奉祀龍王神的廟宇，因受明朝陸西星所寫的《封神榜》所影響，雕刻神像都以四海龍王爲主。

民間祭祀龍王並無特定之日，《道經》記

載農曆十月三日四海龍王會聚水府，稱爲「龍聚日」。《玉芝堂談薈》一書中亦有八月十八日四海龍王聚會之說。《道經》也記載：「二月三日龍神朝帝」，也就是指天地間一切龍神，均須於二月三日登天朝奏玉帝。這些日期後來都與龍王的祭祀有關。

討海人的守護神

漢人最早的哲學書籍《易經》中記載著，「龍爲水畜」，所以漢人相信海嘯或者洪水都與龍有關，也相信四海龍王是統轄四面海域的海洋之王。每次出海捕魚，或是乘船遠渡，都會前往龍王廟燒香祭拜，祈求汪洋大海風平浪靜，使船隻一帆風順，能夠安全到達目的地。也因此，在台灣最早奉祀四海龍王的廟宇，大部份都是傍海而建，與天上聖母媽祖一同奉祀，共同守護討海人的平安豐收。

▶台灣奉祀海龍王的廟宇多靠海，與天上聖母媽祖一同祭祀。圖為大甲媽祖繞境的盛況。

▲「雲從龍，風從虎」，古代人民遇乾旱時就揑成土龍以祈天降乾霖。

壯志未酬身先死

——開台聖王鄭成功經營寶島

教科書上的鄭成功，在民間信仰中，
被尊奉爲開台聖王、延平郡王、國姓爺等。
在明末清初，他率兵力抗清兵，並且東渡台灣，
將荒野的大地變成美麗的寶島，
先民感謝祂的恩德而建廟奉祀。

台灣的神明與廟宇非常多，對於人民來說，宗教不只是心靈的寄託與慰藉，同時也具有規輔社會善良風俗的力量。被教科書推崇爲民族英雄的鄭成功，就是因爲他的德行風範受人景仰，並且建設台灣有功，所以才被尊奉爲神明。

鄭成功幼年時期

開台聖王鄭成功生於明代末期，父親鄭芝龍，是福建泉州府南安縣石井鄉人氏（行政區域後屬中國）。鄭芝龍年輕時，時常往來日本經商，娶了日本平戶的女子田川氏爲妻，婚後兩人感情非常和睦。明天啓四年（一六二四年）農曆七月十四日早上，鄭芝龍陪身懷六甲的妻子田川氏到海邊散步時，田川氏忽感肚中一陣疼痛，就在附近蒼松下的石頭上生下了嬰兒。

鄭芝龍以蒼松是四季長春的樹木，自己又是福建人氏，就爲此嬰兒取名爲福松，也就是後來廣受漢人尊崇的民族英雄鄭成功。日本人後來在鄭成功誕生的石頭上，刻上「誕兒石」三字來紀念這件事情。

又有一說，明天啓四年（一六二四年）七月十二日，日本肥前海波浪滔天，有大鯨湧濤翻騰而來，一直到十四日，田川氏在分娩疼痛之中，夢見海中大鯨衝浪入懷，此時住屋光芒四射，紅遍半邊天，遠近村人以爲祝融延燒，紛紛前來救火，卻不見大火，反倒是洪亮的嬰兒啼哭聲，聲聲入耳，此嬰兒就是鄭成功。

鄭成功本名福松，學名森，字明儼，幼年時期由母親田川氏撫養長大。鄭成功的父親鄭芝龍在日本與顏思齊共謀要推翻日本幕府，不料消息走漏，就逃到台灣，直到鄭成功七歲時，鄭芝龍才派人從日本接他回國，而田川氏仍留在日本。鄭成功回國之後，只會講日本話，鄭芝龍就聘請名師，教導漢學，生活起居由繼母顏氏照顧。

由於秉性聰穎過人，鄭成功十一歲時已詩文絕佳，反應敏銳。相傳鄭成功的老師顧生師與同業伯通師以對聯爲樂。伯通師就拆「坐」字成一上聯：「坐觀土上人雙列」，顧生師搜索枯腸，苦無下聯，鄭成功見狀欲助老師，反遭責罵，被罰頂杯下跪。伯通師心喜成功伶俐可愛，於是隨口吟出一聯：「蛙相滑稽，腹大嘴尖，怪眼圓睜頭叩地」。「蛙」字與「娃」字同音，意思是指成功多嘴被罰的模樣。然而鄭成功才思敏捷，隨即

▲鄭成功因趕走荷蘭人、開拓台灣而備受崇祀。

◀鄭成功又被尊稱為延平郡王、國姓爺、國聖公、鄭國聖、開台聖王等。

回答：「龍姿偉麗，心雄膽壯，祥麟燦爛角觸天」。伯通師聽聞之後，驚異萬分，馬上命鄭成功以剛才所拆「坐」字爲上聯來接下聯，鄭成功以閒字作出下聯：「閒看門中月半斜」，與上聯正好配成絕妙好辭。

年僅十一，但鄭成功的才學與器識都已非常出眾，有一次，其師以「小學灑掃應對」六字爲題，命他作文。鄭成功提筆揮灑，文思敏捷，所作的文詞是：「湯武之征誅，一灑掃也；堯舜之揖讓，一應對也。」

有一天鄭成功與父親鄭芝龍坐官船出遊。鄭芝龍有意讓鄭成功棄文習武，因此就藉物諷諭。當時他與父親坐在船上，剛好有一隻舢舨在後面，鄭芝龍便出上聯：「兩舟併行，櫓速不如帆快」。此聯乍聽之下像是在形容當時的情景，但實際上是以櫓速暗指三國時期的謀士魯肅，而以帆快隱喻劉邦的大將樊噲，意思是說文官不如武將。鄭成功續

接下聯：「八音齊奏，笛清難敵簫和」這兩句也同樣運用了諧音的技巧，表面上雖然像是在說笛子清脆之音，比不上簫聲和諧之美，實際上則以笛清暗指宋仁宗駕下大將狄青，以「簫和」隱喻劉邦丞相簫何，意謂武將難敵文官。成功的敏捷回應，使同船的官兵一致讚賞。

明崇禎十一年（一六三八年）鄭成功十五歲，就成爲泉州府南安縣博士弟子員，不久又考上南安縣秀才，進而被錄取爲廩膳生，每個月可領到一份俸祿。這時鄭成功的母親田川氏也由日本來到中國。鄭成功在十九歲那一年，與董氏成婚，婚後第二年，順利產下男嬰，取名爲鄭經。明崇禎十六年（一六四三年），鄭成功告別雙親與妻兒，來到南京，考進國子監（明代的最高學府）。名儒錢謙益爲鄭成功之師，並爲成功取號爲大木，意思就是國家棟樑。

國姓爺名稱的由來

鄭成功在南京求學期間，曾經有一位相士，看見他方面大耳、相貌堂堂，就斷言說道：「此奇男子，骨相非凡，濟世英雄，有王侯身份，非科甲中人物也。」明崇禎十七年（一六四四年），盜賊四起，天下大亂，闖王李自成攻陷北京，崇禎皇帝自縊於煤山，山海關守將吳三桂因愛妾陳圓圓被俘，就開關門迎清兵入關以攻打李自成。清兵擊敗李自成之後，乘機擁立皇太極之子爲帝，國號大清，改元順治，封吳三桂爲平西王。

隔年，鄭芝龍與鄭鴻逵兩兄弟擁明室後裔唐王於福州，改元隆武。隆武元年（一六四五年）八月，鄭芝龍帶鄭成功晉見唐王，唐王見成功氣宇非凡，年少才高，感慨言道：「惜無一女配卿，卿當盡忠吾家，勿相忘也。」即封成功爲忠孝伯，官拜御營中軍都督，並賜姓爲朱，將乳名福松改爲成功，儀同駙馬，世稱國姓爺。

立誓助明抗清

清兵入關之後，以福建、廣東、廣西三省總督之高官俸祿收買鄭芝龍，鄭芝龍禁不起名利誘惑，就投降清軍。鄭成功知道父親有意降清，前來苦勸，但鄭芝龍心意已定，屢勸不聽，鄭成功無奈之下，只得勸隆武帝出關。隆武二年（一六四六年），清兵進逼福州（近代行政區域屬中國福建省福州市），隆武帝在汀州（近代的中國福建省長汀縣）被殺，鄭芝龍被挾持到北京軟禁，成功之母田川氏受辱而亡。

鄭成功在君亡、父降、母死一連串的打擊下，痛心疾首，就到南安孔子廟祝告立誓，願焚衣棄儒，並且在有生之年興復明代的政權。同年（一六四六年）十二月鄭成功聚眾起義，與陳輝、張進、施琅等九十多人移師到南澳，並以「國姓忠孝伯大將軍招討罪臣」爲名，行文各地以鼓舞人心，不久就有數千人紛紛前來響應，軍威大振。

後來，鄭成功知道具有明代宗室血統的桂王在肇慶即位，就派遣光祿寺卿陳士京奉表朝賀，並遙奉永曆年號爲正朔。鄭成功知道明代江山滅亡的眞正原因，並不是清兵力量強大，而是明室自相殘殺，因此就在鼓浪嶼安營紮寨，操練軍士，等待報仇雪恨之日。

鄭成功在鼓浪嶼設水軍演武場，分別訓練水陸軍，並修築城堡，建造船隻，積極擴充軍力。短短幾年間，收復了漳浦、雲霄、海澄、長泰、平和、詔安、南靖、仙遊、溫州、台州、舟山等地。明永曆七年（一六五二年），清將金礪率軍前來攻打漳州，迫進海澄，鄭成功領兵禦敵，使金礪大敗而逃，永曆帝知聞此功，晉封鄭成功爲延平郡王。

明永曆十二年（一六五七年）五月，鄭成功親率甲兵十七萬，會同兵部右侍郎張煌言，北上攻取南京。艦隊通過羊山海面時遭遇颶風，艦沈數十艘，只好退回舟山整頓。隔年（一六五八年）正月，鄭成功大軍駐鎮沙關；五月，大軍來到崇明，鄭成功對將士云：「本藩統兵十多年，歷盡艱險勞瘁，實爲殺虜救民，恢復大明江山，今大舉數千里而來，意欲克復南京，天下瞻仰，正苦盡甘來之時，盼望眾義士將領，不可有任何放鬆。」

眾人聽了鄭成功這番話之後，精神大振，守備森嚴，猶如鐵壁。同年（一六五八年）六月，成功率領二十三萬大軍，以舟山爲跳板，攻下瓜川和鎮江，直攻金陵（近代的中國南京市）城下，誤中兩江總督郎延佐的緩兵之計，遭遇內外夾攻，大將甘輝與張英身亡殉國，鄭軍大敗，損失慘重，不得已才退守廈門。

清軍打敗鄭軍之後，又趁鄭成功喘息未定時，率兵圍攻廈門，企圖一舉殲滅鄭軍。鄭成功眼見清兵來攻，抱定置之死地而後生的決心，率軍死守廈門，最後終於擊退清兵。經過這次戰役，鄭成功就有東渡台灣之志。

建設台灣的經過

鄭成功身經數戰，由福建打到南京，又由南京被逼退到廈門。眾將士誓死抗戰，才擊

▶官方訂立的鄭成功誕辰紀念日在國曆八月廿七日，但民間則多在農曆一月十六日祭祀開台聖王。

▲國姓廟在全台各地大大小小各有七十餘座。

退清兵，保住廈門。鄭成功心想有朝一日，清兵遲早會再次進犯，所以就有東渡台灣，以台灣做爲復興基地的打算。當時台灣是荷蘭人東方貿易的根據地，荷蘭人領有台灣，稅賦名目繁多，在台灣的漢人受到重重剝削，普遍心存反感。

此時有一位名叫何斌的人，過去是鄭芝龍的部下，離開鄭芝龍後，就在台灣做荷蘭人的通事，因不滿荷蘭人對漢人的所作所爲，特地進獻台灣地圖給鄭成功，而且爲鄭成功詳述荷蘭兵力，以及軍隊佈置的情形。

何斌獻圖之後，鄭成功信心大增，經過詳細的研究，就在明永曆十五年，也就是清順治十八年（一六六一年），鄭成功命令自己的兒子鄭經留守廈門，戶官鄭泰留守金門，洪天佑、楊富、楊來嘉、何義、陳耀等留守南日、圍頭、湄頭等地，以防清兵乘虛而入。然後鄭成功就在同年三月二十三日，親率戰艦四百艘，水陸雄師二萬五千人，由料羅灣出發，向台灣進攻。隔天登陸澎湖馬公，隨即巡視全島，命部將陳廣、楊祖、林福、張在等留守澎湖，四月一日，再率艦隊由澎湖出發，直接進逼台灣。

鄭成功所率領的艦隊來到台南的鹿耳門港外，水極淺，大船不能靠岸。鄭成功隨即擺設香案，冠帶叩祝：「成功受先帝眷顧重恩，委以征伐，奈何寸土未得，孤島危居，今而移師東征，假此土地，暫借安身，俾得重整甲兵，中興明室，若天命有在，而成功妄想，荷將來尚有一線之脈，望皇天垂憐，列祖默佑，助我潮水，俾益所向，可直入無礙，庶三軍從容登岸。」不久，潮水果然上漲，大軍順利登陸。

鄭成功首先攻取普羅民遮城，也就是後來的赤崁樓，而後集中兵力圍攻台灣府（十六世紀中期稱爲熱蘭遮城），荷蘭太守揆一堅拒不出，仍作困獸之鬥，鄭成功在圍城八個月之後，命軍士切斷城中的水源。

荷蘭人在彈盡糧絕之後，才豎立白旗投降。台灣自明天啓四年至永曆十五年（一六二四至一六六一年），由荷蘭人治理三十八年後，又重回漢人政權之下。鄭成功東渡台灣之後，改台灣爲東都，設一府二縣，一府爲承天府，以赤崁樓爲府治，二縣爲天興、萬年，以新港溪爲分界，北爲天興縣，包含後來的基隆、台北、桃園、新竹、苗栗、台中、南投、雲林、嘉義等，以開化里、佳興里爲縣治；南爲萬年縣，涵蓋後來的台南、高雄、屛東等地，縣治設右前鋒尾。

鄭成功經營台灣，在土地的改革與開發上有很大的建樹。在土地改革方面，鄭成功採取寓兵於農的軍屯政策，由軍隊營鎮開發荒地，稱爲「營盤田」。至二十世紀末期，台灣仍存有相關的營盤田鄉鎮名，如左營、新營、下營、左鎮、後鎮、中協、本協、營前、營後、前鋒等。

壯志未酬身先死

明永曆十六年（一六六二年），清廷誅殺鄭芝龍等十一人，並挖掘鄭氏祖墳，鄭成功聞訊，哀慟萬分。此時，永曆帝被吳三桂所殺的消息又傳到台灣，鄭成功悲傷不已。同年四月，鄭成功之子鄭經與四弟乳母陳氏私通之事爆發，鄭成功飽受打擊，內憂外患同時煎熬，終致一病不起。

鄭成功渡海來台，備嘗艱苦，而父死、君亡、子孽，種種挫折接踵而至，焦苦悲憤，兼受疾病傳染，又感風寒，面容憔悴。同年五月初，文武官入謁，見鄭成功尚坐胡床，談論復明大事。但眾人皆知其病，都督洪秉誠調藥以進，鄭成功扔之於地，長嘆說道：「自國家飄零以來，枕戈泣血，十有六年。

今日屛居遐荒，遽捐人世，忠孝兩虧，死不瞑目，天乎！天乎！何使孤臣至於此極也。」

於是鄭成功捧讀明太祖遺訓，於百般無奈痛苦之中，頓足拊膺，含恨而終。時爲明永曆十六年（一六六二年），五月八日未時，一代英雄就此長逝，享年三十九歲。民間傳說鄭成功乃東海大鯨，歸西則逝。而鄭成功逝世前一日，台南有人目睹一將軍騎鯨自鹿耳門出海西去，隔日即傳其死訊，正含歸西則逝的說法。

封王建祠以表追思

鄭成功逝世之後不久，清廷即派兵攻台，鄭成功之孫鄭克塽降清，台灣從此由清廷管轄。到了

▲鄭成功雖然在台灣僅一年多便逝世，但對後世的影響卻相當深遠。圖為安平天后宮所供奉的延平郡王。

清聖祖康熙時，下詔天下曰：「朱成功係明室遺臣，非朕之亂臣賊子，其忠貞愛國之志，朕深感欽佩。」即送成功及其子靈柩歸葬泉州南安，並飭地方官吏刻碑堆塚，立祠祀之。清康熙三十八年（一六九九年）農曆五月二十日，鄭克塽遷鄭成功的靈柩歸葬南安，康熙帝並賜輓聯：「四鎮多二心，兩島屯師，敢向東南爭半壁？諸王無寸土，一隅抗志，方知海外有孤忠。」

清同治十三年（一八七四年），福建將軍文煜、總督李鶴年、巡撫王凱泰、船政大臣沈葆禎等，奏請於台地建延平郡王專祠。隔年，即清光緒元年（一八七五年），皇帝特准追謚忠節，將原開山聖王廟改建爲專祠，就是後來台南市開山路的延平郡王祠。船政大臣沈葆禎以文章盛讚鄭成功風骨超卓的一生：「開萬古得未曾有之奇，洪荒留此山川，作遺民世界，極一生無可如何之遇，缺憾還諸天地，是創格完人。」

鄭成功高風亮節，誓死不降，以恢復明室江山爲一生之大願，雖不能如願，但典範卻永留世人心中。不但率領先民渡海來台，而且也努力建設，開闢土地，興建水利，改進農耕方法，並教導原住民捕魚技術，將荒野的大地變成美麗的寶島。先民感念其恩德，紛紛建廟奉祀。全台約有七十多座廟宇，在台南市有延平郡王祠、鄭氏宗廟；在嘉義縣溪口鄉則有開元殿。世人尊稱鄭成功爲開山始祖、國姓爺、鄭國姓、開台聖祖、開台聖王。每逢農曆七月十四日爲其聖誕千秋。

浪漫旖旎明月心

——造型和藹的太陰星君

太陰星君或稱太陰娘娘、月光菩薩，或月宮天子，起源於人民對日月星辰的自然崇拜，後與民間嫦娥奔月的神話故事相結合。因漢人對於月亮素懷浪漫的想像，所以太陰星君的塑像造型也多慈祥和藹。

中國人對於月亮總存有浪漫的想像，尤其在中秋月圓如鏡的時候，民間有關月亮的傳說歷久不衰，如嫦娥奔月、吳剛伐桂、玉兔搗藥、唐明皇遊月宮等，不僅人人耳熟能詳，更成爲戲劇詩詞的嬌客。

台灣民間信仰中的太陰星君，又稱太陰娘娘，佛教則稱月光菩薩，又一傳說爲月宮天子，而關於其生平則多隱晦不明，只知農曆八月十五日爲其聖誕千秋。

祭月祝文與誦經

明代章演《圖書編》載有朝日與夕月的祝

文：「嗣天子御名敢昭於夜明之神，惟神鍾陰之情、配陽之德，繼明於夕，有生共賴，暨惟五星列宿，成司下土，各有攸分，眇予之資，仰承帝命，君此生民，茲者，時惟秋分，爰遵典禮，以玉帛牲禮之儀，用修常祭於神，惟神歆鑒，福我拜民，尚厚。」

清代顧鐵卿的《清嘉錄》，也有祭月的記載：「八月十五日，比戶，瓶花香蠟，望空頂禮，小兒女膜拜月下，嬉戲燈前，謂之齋月宮。」因爲有這些關於祭月與祝文的記載，所以流傳至二十世紀末期，信徒仍會在中秋節持月餅、牲禮、柚子等到寺廟誦經禮拜。

信仰太陰星君的弟子所誦的經文，稱爲《太陰星君眞經》。

太陰菩薩向東來，十重地獄九重開。
十萬八千諸菩薩，諸佛菩薩兩邊排。
諸尊佛敬無雲地，出水蓮花滿地開。
頭帶七層珠寶塔，婆娑世界眼光明。
一佛報答天地恩，二佛報答父母恩。
在生父母增神壽，過世父母早超昇。
南無佛，南無法，南無阿彌陀佛。
天羅神，地羅神，人離難，難離身。
一切災殃化爲塵，唸得七遍太陰經，
生死不踏地獄門。

太陰星君的傳說

在世界各地的多神教中，日月星辰都伴隨著許多神話，而流傳至今的神話中，又以關於日月的崇拜最爲盛行。以漢族爲主的歷朝君王也都會舉行大明之神太陽神、夜明之神太陰神的祭典。因此祭拜日月的習俗，在人類歷史中有相當古老的淵源。

祭拜太陰星君，起先是對於自然的崇拜，後來民間流傳嫦娥奔月的神話，才把嫦娥視

▲造型和藹柔美的太陰星君，手持月亮照耀大地。

▼中秋夜拜月亮，備月餅、金紙和馨香，以求賜福平安。

◀中秋節的月亮總是特別亮、特別圓、特別美麗。

爲太陰星君的化身。自從美國太空梭登陸月球，粉碎了許多神話、傳說的可能性，嫦娥、吳剛、玉兔這些神話中的角色，彷彿與忙碌的現代人拉開了距離。

其實除了嫦娥之外，明代陸西星所作的《封神榜》，也有太陰星君被人格化後所產生的故事，故事中的太陰星君，是紂王之妻姜氏。姜氏乃商朝紂王元配，被宮中大臣尊稱爲姜皇后，父親東伯侯姜恒楚，鎭守於東魯，擁兵百萬，官居極品。姜后貞靜淑德，慈祥仁愛，治內有法，頗孚民望。

殷商末年，妲己擾政，紂王被美色所迷，朝綱不振，以致天怒人怨。姜后內心十分擔憂，因此婉言勸諫，卻遭到妲己與奸臣費仲的陷害，二人遣刺客謀害紂王，而嫁罪於姜氏，紂王誤中奸計，令人施以酷刑逼供。姜后說道：「粉身碎骨均不懼，只留清白在人間。」自始至終堅守清白，終被剜目、炮烙

▲太陰星君執掌月亮，又稱月宮天子、寶吉祥等。

而死。姜子牙封神時，有感於姜后堅貞之情，敕封爲太陰之位，以示其心如皎月。因此，世人認爲姜后乃是太陰星君的化身。

月宮天子

道教尊奉月神爲太陰星君，佛教則奉之爲月光菩薩、月宮天子，又稱月天子、大白光神、野兔形神，以及寶吉祥等。

根據佛經記載，月宮天子乃是大勢至菩薩的化身，故稱爲寶吉祥、寶吉祥天。另外，月天子又被傳爲貌似野兔，則與古印度的傳說有關。除此之外，在古印度傳說裡，也曾出現月中有兔的說法，這其實是月中暗影與兔子側影相似而產生的神話想像。

敬拜太陽與太陰，原本是古時對於自然的崇拜，後來人類發覺如果太陽被黑雲遮住，就不能對祂叩拜；而在夜晚，如果下雨、颳風，天上的月亮也不能顯露皎白的光影，所以就爲祂們雕塑金身來膜拜。由於太陽主宰萬物生息的命脈，就以炎熱的紅色來代表，而月亮的塑像，則被塑造爲慈祥和藹的造型。最早，月宮天子的形象本爲男性，一手持杖，上有半月形，其妾稱爲月天妃，手持蓮花。

古時祭祀太陽星君多在春分與秋分時舉行祭典，而八月十五日中秋時分，則以月餅與牲醴來祭祀太陰星君，在台灣還多加一個柚子。而這一天，除了柚子，月餅、牲醴與祭典外，當然還是一家團聚的好日子，所謂月圓人團圓，正是漢人浪漫情懷的映現！

千里姻緣一線牽

—月下老人是舊時的紅娘

中秋月圓人團圓，
男女皆希求好姻緣，
婚姻之神月下老人，
扮演著紅娘角色，
牽引世間人進入有情的世界。

婚姻是人生的大事，很多人都希望能找到終生伴侶，共度美好的將來。俗話說：「姻緣天註定」，民間俗信月下老人是主管婚姻之神，青年男女祈求祂賜予美滿姻緣，而婚姻不幸福的人也會責備祂亂譜鴛鴦，可以說是與人民生活相當貼近且親密的神祇之一。

中國杭州的月老祠

月下老人俗稱月老公，在台灣沒有專祀月老公的寺廟，只有奉其爲配神的廟宇。大部份在台南，有玉皇宮、保安宮、水門宮等，都是祭祀在後殿的右側。但是在中國杭州就有一間專奉月下老人的廟，廟很大，只有一尊月老公，沒有其他配神，廟名爲月老祠。

未到月老祠，就先看到一塊石頭上刻著「緣」字，再往前走約五分鐘就可以到達主殿。殿中的月老公神像高大，面容慈祥，盤坐在神案上，兩眼注視著左手所拿的姻緣簿，壁上繪有各種月老促成姻緣的圖畫，包括著名的風流才子唐伯虎點秋香的故事。神案兩邊有一副對聯：「願天下有情人都成了眷屬；是前生註定事莫錯過姻緣。」

當地有一種習俗，祈求月老促成婚姻時必須要坐花轎，然後一路吹嗩吶以增添歡樂的氣息，將花轎從廟外抬入廟內，然後在廟前的香爐旁繞三圈，下轎之後再進入月老祠。祈求月老公之後，大部份的人會抽姻緣籤，要抽籤必須先投錢，行三鞠躬禮後再抽。抽完就拿籤詩，讓廟內解籤的人解說，籤詩不管準或不準，只是一個參考。

▲杭州月老祠的對聯寫著：「願天下有情人都成了眷屬，是前生註定事莫錯過姻緣。」

▲台灣廟宇中月老的枴杖上都繫著紅線，象徵為善信「牽紅線」。

姻緣簿與姻緣紅線

月老公是民間俗信中專管婚姻之神，民間流傳月老公是媒神，其實來自於是唐代李復言所寫的《續幽怪談》裡的故事。書中關於月老的故事非常有趣。

相傳唐代韋固自幼是一個孤兒，長大之後，有一日經過宋城，遇到一位怪異的老人坐在布袋上面看書。韋固問這位老人讀的是什麼書，老人回答說：「天下婚姻之書。此布袋內有紅繩以繫夫婦之足，雖仇敵之家、貧賤懸隔、天涯從宦、吳楚異鄉，此繩一繫，姻緣註定。」這些話也就是流傳千百年的俗語——「千里姻緣一線牽」的由來。

韋固好奇的問老人自己未來的妻子是誰，老人就翻書觀看，查出他的未來妻子竟是北頭賣菜瞎老太太的小女兒，今年只有三歲。韋固一聽非常生氣，暗中派人刺殺那位小女孩，小女孩卻死裡逃生，只被傷到眉毛。

韋固刺殺未果，畏罪連夜逃走，過了十多年，以勇武著稱。王刺史看上他，就將女兒嫁給他。韋固一直到結婚後才知道刺史的女兒是養女，也就是當年被他派人刺殺的女孩，她的眉間甚至還留有那時遇刺的傷痕。

韋固良心受責，知天意不可違，對妻子更加疼惜，兩人相親相愛，所生兒女也都很顯貴。這段故事流傳下來，人人都相信有一個手持姻緣簿及姻緣紅線的月下老人在管理人間的姻緣婚嫁。

清代也曾出現用紅線繫腳來註定姻緣的故事，中國四大名著之一《紅樓夢》第五十七回，薛姨媽對林黛玉、薛寶釵說道：「自古姻緣一線牽，管姻緣的有一位月下老人，暗中只用一條紅線將兩個人腳絆住，憑你兩家隔著海，到最後也有機會作夫婦，如果月下老人不用紅線拴著，哪怕天天在一塊兒，也難成眷屬。」

民間信仰的月老公

許多追求美好婚姻的青年男女，都會到廟裡祈求月老公為他們牽紅線。在台灣的廟宇，月老公的枴杖上面都有紅線，讓男女來祈求，希望月老公將兩人一生絆在一起；如果遇到婚姻失敗，也會怪月老公牽錯線，或姻緣簿寫錯名字。

由於民間俗信與戲曲、小說中反覆出現月老註定姻緣的題材，癡情男女的心目中，自然而然也將祂看成是寄託自己美好理想的幸福之神。在傳統社會中，媒人婆也稱為月老；但媒人婆不是用紅線，而是用紅手巾，讓新郎新娘相牽伴一生。後來社會進步，提倡自由戀愛，不受父母主婚，月下老人在腳上絆紅線的故事，已經很少人相信，但還有很多青年男女，或者年紀老邁的單身老人，仍然盼望著月老公來牽紅線。其實姻緣是掌握在自己手上的，婚姻是終身大事，千萬不要因一時男歡女愛而成婚，一定要互相了解，互相信賴，才能共同創造美好的未來。

第一個台灣皇帝

——小城隍爺朱一貴坐鎮台南

小城隍爺俗名朱一貴，人稱鴨母王，曾與鄭成功遺臣共同對抗清軍，死後信眾爲感念祂，而設城隍爺廟，爲了與正統城隍廟區別，改稱小城隍爺廟，尊其爲小城隍公，香火非常興盛。

如果有機會到台南遊覽，絕不能錯過座落在台南市開山路的小城隍廟，雖然廟地簡陋規模不大，但是香火終年不斷，小小的廟埕上，每天都有信徒酬謝布袋戲、電影、以及歌唱晚會。每一個進宮參香禮拜的信徒，都虔誠無比，知名度可與其他大廟相提並論。

小城隍爺曾為台灣皇帝

台南小城隍爺廟所供奉的主神是小城隍爺公，在世俗名爲朱一貴。相傳朱一貴早期以養鴨爲生，他所養的鴨會聽他使喚，時常列隊接受校閱，所以人人稱他爲「鴨母王」。

▲台南小城隍祭香期從國曆十月八日開始，一連三天，祭祀鴨母王朱一貴。

小城隍
金玉滿堂

▲城隍與小城隍不同，城隍爺是陰間父母官，小城隍則是鴨母王朱一貴。圖為城隍廟中配祀的城隍夫人。

鴨母王朱一貴生於清康熙年間，因不滿清朝政府統治，正逢國姓爺鄭成功遺臣甚多，就暗中聯合鄭軍與抗清志士，一同起兵對抗在台灣的清軍。清康熙六十年（一七二一年），朱一貴領導抗清志士，在短短的時間裡攻下整個台灣。可惜天不從人願，不久即因內部分裂，而被清軍將領藍廷珍打敗，朱一貴因此喪失生命。鄭成功遺臣建廟祭祀祂，但因懼怕清廷的勢力，就命廟名爲城隍爺廟。又爲了要與正統的城隍爺廟有所分別，改廟名爲小城隍爺廟，尊稱鴨母王朱一貴爲小城隍公。

鴨母王朱一貴成爲對抗清軍的英雄，台灣民間因而流行起一首歌謠：

頭戴明朝帽、身穿清朝衣，
五月稱永和、六月還康熙。

這首歌謠描寫朱一貴一度成爲台灣皇帝的事迹。清康熙六十年（一七二一年）五月，台南總管歐陽凱戰死後，朱一貴攻進城中自立爲王，改年號爲永和。因爲事起倉促，來不及作正式的皇袍，就臨時找一件演戲用的皇袍穿上，但找不到皇帽，就頭戴原來的明朝帽，以至於出現明代帽和清代衣的奇怪組合。同年六月，清軍平定台南，朱一貴只做了一個月的台灣皇帝。

此事在《六堆客家鄉土誌》之中也有記載，書中提到朱一貴穿戲場用的袍套衣冠即帝位，登基之後還築壇受賀，並祭祀天地列祖列宗，以及延平郡王鄭成功。

小城隍爺廟香火鼎盛

相傳台南的小城隍爺廟靈驗無比，廟中除了奉祀朱一貴以外，另奉有二城隍以及三城隍，祂們是與朱一貴一同戰死的抗清志士，在世的名字並無資料可查。

小城隍爺廟本來只有一間小小的祠堂和墓碑，早期香火甚微，但相傳有一日小城隍爺忽然在廟裡主事者阿珠姨的夢中顯靈，使得阿珠姨及其家人祭祀供奉之心分外虔敬。自此之後，小城隍爺廟的三位神明大顯神威，將一間只有五坪大小的祠堂與模糊的墓碑，變成全台無人不知、無人不曉的台南小城隍爺廟。

小城隍爺廟雖屬小眾信仰，但在台南縣仁德鄉也有一座分靈廟。三位小城隍公的聖誕，分別是農曆六月十六日、八月十日、六月廿二日，但自從太平洋戰爭之後，小城隍爺廟另訂出國曆十月十日為綜合祭日，香期從十月八日開始，一連三天，這三天幾乎是人山人海，萬千信徒湧進廟裡參加祭祀，可說是台南人一年一度的盛事，如果你有興趣，不妨過去看看！

總管海船衆船隻

——倪府聖王總管公為海船總管

總管公，世人稱倪府聖王、倪府聖公，爲總管船隻的海神，所以又稱海舶總管。台南市的總趕宮，原爲總管宮，重建時被誤稱爲總趕爺，改成總趕宮，所以，倪府聖公就成了總趕公。

台灣四面環海，民間所奉祀的海神除了天上聖母媽祖娘娘、四海龍王以外，還有總管船隻的倪府聖公，也叫做總趕公。

根據《台灣縣志》的記載，總趕公本姓倪，在世俗名無人知曉，自幼生長於海濱，熟識水性港道，死後被奉祀爲海船總管，世人尊稱祂爲倪府聖王，又稱爲倪府聖公。

根據傳說，總趕公本來叫做總管公，是中國福建泉州、漳州的漁民及船夫渡海來台時，奉請其金尊至台南西海岸高處所建廟供奉的。到了清道光年間（十九世紀初中期），有一次突如其來的大風雨，沖刷土

石、挾帶泥沙、淤塡河道，使得曾文溪改變原有的河道，總管宮也因此遠離海岸，變成陸地上一般信眾的守護神。

台南市政府檔案中所記載的總趕宮，其古蹟編號爲一一二號，草創於明永曆年間（十七世紀中期），在清道光十五年（一八三五年）重建。未重建之前，廟名爲「總管宮」。爲什麼會從原來的「總管宮」變成後來的「總趕宮」呢？原因出在台灣奉祀王爺的廟宇很多，而所奉祀的王爺往往每三年才降臨一次，稱爲出巡，俗稱王爺出巡。在平時，奉祀王爺的派駐神稱爲總趕爺，代替王爺總管一切事務。因爲台灣的王爺信仰太過於強勢，使得「總趕爺」的名稱人人耳熟能詳，有人在重建總管宮時，就誤將總管公當做是王爺的總趕爺，重建後，就將總管宮改爲總趕宮。也因爲這個錯誤，所以後來都將倪府聖公稱爲總趕公。

▲總管公又稱倪府聖王、海船總管，總管海上船隻，卻因曾文溪改道而由海神變陸神，又因重建廟宇時的一場誤會而更名為總趕公。

右腳盤坐左踏獅

——廣澤尊王的事跡與傳說

廣澤尊王，又稱郭聖王、聖王公等，
在世時是個勤勉謙讓的牧童，
因結識地理師而得道成仙。
妙應仙妃及十三太保傳爲其妻子，
一般民眾將祂奉爲祈雨之神及痘神。

民間信仰經常都是民心流露的產物，反映了特定時空中，多數人民心所嚮往的道德典範，許多鄉土味濃厚的地方神祇，往往是生前有功於人民，或是德行受人敬仰，所以才被奉祀爲神明、爲其建廟修祠，廣澤尊王就是一個明顯的例子。

廣澤尊王又被稱爲郭聖王、郭王公、郭府尊王、聖王公、保安廣澤尊王、忠孝惠感威武英烈廣澤尊王。其祖廟在中國福建南安縣詩山鎮鳳髻山上，名爲「鳳山寺」。《福建通志》、《泉州府誌》、《南安縣誌》等書籍都有關於祂的記載。

廣澤尊王的在世姓名有兩種傳說，一爲郭忠福或郭洪福、郭福；另一種傳說則稱其爲郭乾。首先來看看關於郭忠福的記載。

勤奮謙讓的牧童

郭忠福自幼貧困，十二歲時父親就逝世，與母親相依爲命，因家境困苦，爲使母親三餐可繼，就到當地富戶人家楊員外之處放羊。郭忠福每日放羊，早出晚歸，勤奮不懈，細心照顧羊群，以換取微薄的工資。無論颳風下雨，天氣如何變化，每天黃昏必定準時回家侍奉母親。

楊員外雖然家財萬貫，但爲人不善，對待郭忠福刻薄萬分，但郭忠福從來不會怨天尤人，只是逆來順受，一切順應天意。雖身處逆境，卻甘之如飴，不改其勤奮謙讓的本性，仍滿心歡喜地照顧羊群。相傳，郭忠福所放牧的羊隻數量總是維持不變，如果楊員

▲廣澤尊王能降雨解厄，使農作物豐收。

外賣掉十隻，隔天羊圈的母羊就會生下十隻小羊，當地人對此奇蹟，都嘖嘖稱奇。

楊員外爲求將富貴利祿集於一身，特地聘請一位地理師探勘靈穴，想要改葬祖墳，以庇蔭後代子孫福祿壽三者皆備。由於楊員外待人刻薄，所以接待地理師時也吝嗇如昔，不但三餐只供給粗茶淡飯，還讓他委身於牧童郭忠福的簡陋住處。

郭忠福看見楊員外接待地理師如此不善，心中著實感到過意不去，因此對地理師殷勤侍奉，倒茶致意，聊表地主之誼，地理師心中暗暗感激，數日之後，兩人就無所不談，地理師看郭忠福心性善良，對他的親切又頗有好感，就時常陪郭忠福到草嶺放羊。

一日，楊員外將跌落糞坑的肥羊拿來招待地理師，卻對地理師謊稱是特別宰殺來款待他的。地理師受寵若驚，不禁懷疑是否另有隱情，追問之下，明白實情的郭忠福深感楊員外不該如此，就將實情告知地理師。

地理師知道實情後非常生氣，決定不將所發現的靈穴吉地告知楊員外。他所發現的靈穴吉地，就在楊員外主宅後面的羊圈內。由於地理師對郭忠福的老實非常讚許，想說這樣的一塊寶地與其讓爲富不仁的楊員外不勞而獲，還不如讓給善良忠厚的郭忠福，於是就告訴郭忠福，並詢問他的意願。

郭忠福雖然對地理師的好意感激不盡，但老實的他卻說：「如果得到吉地只讓我一人福祿雙全，我不願爲也；如果可造福人群，對百姓有所貢獻，我才願得此穴。」地理師聽了以後甚感佩服，就叫郭忠福將其父親的遺骸撿骨之後焚燒成灰，和水遍灑於羊圈內的吉地上，而且必須邊灑邊哭，如此才能完全取得吉地的靈氣。

郭忠福就依命行事，羊圈內竟然隆起一座土墳，地理師馬上指示郭忠福跪地叩拜，並

▲地理師排羅經找靈穴。羅經類似羅盤，是地理師尋找地脈時不可或缺的工具。

告訴他：「此地爲黑蜂穴，不久有黑蜂傾巢而出，被螫則必死無疑。你必須馬上向東疾走，等看到一牛騎人，人戴銅笠，水變紅，鯉魚跳樹，那個地方就是你安身之所，日後必有奇蹟出現。」

地理師說完就辭別而去，經過一刻之後，羊圈內果然飛出無數的黑蜂，郭忠福馬上背負母親往東而逃，不知內情的楊員外一家與羊圈內的羊，全部被黑蜂螫死，無一倖存。

郭忠福背著母親，一直跑到南安縣詩山鎮的鳳髻山下，忽然之間就下起大雨。郭忠福看見一位牧童躲在牛肚下避雨，一位和尚頭頂著銅鈸遮雨，山上的紅土被雨水沖刷到河中，泛出一片紅光，又看到一位漁夫釣到一尾鯉魚時，用力過猛，將魚甩到樹下勾住，魚在樹上拚命掙扎。郭忠福目睹此景，見地理師的預言一一應驗，自知已經來到目的地，就與母親在此結茅爲舍，安居樂業。

牧童得道升天

郭忠福與母親在鳳髻山下過著貧苦的日子，以砍柴伐木維持生計，爲了使母親不致挨餓，郭忠福每天都早出晚歸、風雨無阻地入山擔柴。十六歲時，有一天與同伴到山上砍柴，休息時在一株古藤上盤坐，忽然心有所感，就馬上叫同伴請他母親前來。郭忠福之母聞訊趕來，只來得及拉住忠福的一隻腳，而忠福已經雙眼張開，得道升化爲神。

不久，尊王的母親也過世，並與忠福的父親一同受當地人民奉爲太王、太妃。

因爲這一段傳說，所以民間後來奉祀廣澤尊王的神像，大部份是右腳盤坐，左腳踏獅，雙眼如珠，天真無邪。

關於尊王雙眼如珠的說法，也有另外一種傳說。前一種說法是因爲母親拉下一隻腳，致使尊王成神時雙眼張開，以表達對母親養育之恩的感激。後一種傳說，則指尊王得道時，母親提醒尊王，眼睛要看遠處，照顧遠方的眾生。

另一個傳說則指廣澤尊王在世俗名爲郭乾，自幼以孝名聞鄉里，胸懷大志，但卻時常自嘆生不逢時，未能盡忠報國。後來有一次，他離家數月未歸，行蹤不明，郭乾的母親託人四處查訪，最後發現郭乾在某處荒僻的大樹下打坐，任憑眾人如何哭喊呼叫皆無反應，家人觸其軀體，尚有一些溫度，但卻沒有一絲呼吸。

鄉人見狀，都覺得是一件奇事，郭乾的母親於是拜託鄉人將郭乾的軀體從樹下移到石頭上，然後才抱住郭乾大哭失聲。此時，郭乾卻突然雙眼睜開，左腳盤坐，右腳踏地，雙手屈握，穩若泰山。鄉人看此情景，隨即跪地叩拜，就在當地建廟，供奉郭乾不死之身，尊稱郭乾爲郭聖王。

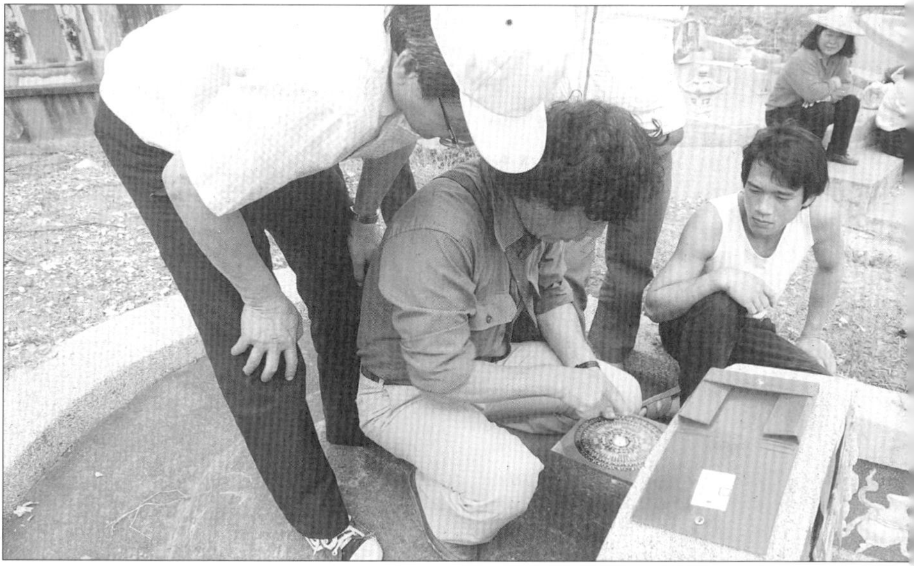

▲在安土重遷的漢人民俗中，陰宅的風水一直被視為能左右陽世子孫的命運。

福

廣澤尊王的事迹傳說

相傳某一年當地數月未降甘霖，大地乾裂，農作物枯槁，處處飢餓成災，鄉人乃祈求郭聖王降雨解厄。不久，郭聖王果然大顯神威，頃刻間烏雲密佈，天降甘霖，及時解除旱象，造福鄉里，眾人於是入廟再次焚香禮拜，深深感謝聖王神恩。

後來郭聖王被視爲中國福建一帶的守護神，相傳祂時常顯靈庇祐人民。清雍正皇帝尚爲太子時，曾染患天花惡疾，群醫束手無策。正當病情危殆、昏迷不醒之際，忽夢一孩童手持名爲「降痘丹」的藥丸相贈，並自稱爲泉州郭乾，隔天夢醒，即無藥自癒，完全康復。雍正正式登基後，就派人到泉州府查訪，才知郭乾乃鳳山寺鎮廟主神，乃敕封爲保安廣澤尊王。

郭聖王保國衛民的靈跡還有很多。有一次盜賊即將入侵詩山鎮，當地百姓倉皇失措，六神無主之下只好入廟請示廣澤尊王。尊王降乩諭示眾人不必驚慌，也不必遷移他處，自有奇蹟出現。隔日，狂風暴雨驟起，溪澗流水湍急，賊眾不得渡河，進退維谷之際，忽見一白衣人身騎白馬涉溪而過，盜賊以爲該處水淺，就跟隨其後。賊眾一直走到溪流中央，溪水突然由淺變深，眾賊全部滅頂。詩山鎮的鄉人在郭聖王的庇祐之下，安然度過這次災厄。

宋紹興年間，皇宮發生火災，正當危急之時，空中閃現郭聖王白旗，瞬間大火即告撲滅。朝廷感念其救火功勞，乃敕封郭聖王爲廣澤侯，宋慶元年間，又加封爲忠孝惠咸威武英烈廣澤尊王，以謝其嘉惠百姓之恩。

廣澤尊王得道成神之後，屢次顯靈渡人，神奇傳說非常多。不管中國或者台灣都有許多民眾虔誠供奉。

▶民間信仰中往往存在許多立地成神的傳說，而台灣的山野林間也就因此而樹立了大大小小的廟宇祠堂。

▲相傳廣澤尊王迎娶妙仙妃之後，就生下了十三太保。圖為東港十三太保的金尊。

在中國福建泉州還有一個特別的風俗，即每年正月十五日上元節時，廣澤尊王都會離開寺廟巡行遶境，以祈福報。又因尊王生前事親至孝，所以每隔三年，便要回到故鄉安溪的太王陵祭拜父母的封塋，當地人稱爲「孝墓」。而在台灣的廣澤尊王廟宇，大部份都訂定農曆八月二十二日前後，前往中國福建泉州謁祖。

王妃及十三太保

廣澤尊王十六歲得道成神，在世時並沒有結婚，後來流傳一段廣澤尊王以手環娶妻，而生下了十三太保的故事。

廣澤尊王之妃，俗名黃妙應，生於唐末五代十國中的僞閩王在位時，農曆正月二十三日爲其生日，是南女尤溪人氏，父親是一位職業道士，人稱尤溪法師。

妙應生性賢淑，容貌秀麗，在少女之時，

隨母親陳氏前往郭聖王廟進香，郭聖王凡心未泯，有迎娶黃妙應之意。有一天，祂趁黃妙應在溪邊洗衣時施展神法，將一個裝著玉環的木盒，漂流到妙應洗衣之處，做爲訂情信物。妙應受好奇心驅使，打開木盒，玉環竟然自動套上手臂，不管用什麼方法，也無法拿下尊王訂情的玉環。

北宋太祖乾德三年（九六五年），黃妙應之父將妙應許配給太平里董府的公子。到了農曆五月二十三日吉時成禮之時，花轎路過郭聖王廟前，忽然一陣狂風，使眾人眼不能開，耳不能聞，瞬時之間，轎內的新娘黃妙應已不在轎中。前來迎娶的家人，馬上回府稟告。兩家正感到迷惘，不知所措時，忽然有人前往通報，才知道黃妙應已坐化在郭聖王廟廣澤尊王之側。

相傳廣澤尊王迎娶妙應之後，產下了十三位神人，人稱十三太保，妙應則被尊稱爲妙應仙妃或妙應王妃。農曆二月二十二日爲郭聖王聖誕千秋，八月二十二日則是得道日。

關於十三太保，也有傳說是廣澤尊王的分靈，就像天上聖母的大媽、二媽、三媽、甚至到十六媽一樣，第一位分出去的尊王在當地建宮起廟就稱爲大太保，第二位就是二太保，一直分到十三太保，每位太保在中國福建都被建宮奉祀。因年代久遠，而且無史書或是正確的文獻記載，再加上中國經歷多次戰亂，許多廟宇飽受天災人禍的摧殘，所以以上傳說也就無法考證。

早期由中國泉州渡海來台的先民，大多供奉廣澤尊王的神像，以求闔家平安。這個信仰後來在台灣民間被保存下來，直至二十世紀末期，全台奉祀廣澤尊王的廟宇大約有七十多座。主要都集中在中、南部，由於泉州人相信無論他們到哪裡，都可以獲得廣澤尊王的庇蔭，所以香火一直都很興盛。

年幼得道囝仔公

——南鯤鯓萬善爺得道成神

萬善爺是南鯤鯓萬善堂的主神，又稱囝仔公，在世時即因發現靈地而得道成神，又與五府千歲爲爭奪靈地而互相廝殺，後經觀音大士調解，成了後來的南鯤鯓廟，五王爺與萬善爺共享人間善信香火。

萬善爺傳說

根據南鯤鯓萬善堂沿革記載，萬善堂主神萬善爺又稱囝仔公，是清康熙年間（十七世紀中期至十八世紀初期）人，在世俗名不爲人所知。相傳萬善爺囝仔公原本是個牧童，稟性聰明，年幼時父母就雙雙過世，由其舅父收留在側，以放牛爲生。

一日萬善爺在翠綠的北康榔山放牛，突然間天上烏雲密佈，下起大雨，萬善爺情急之際，竄進長滿針刺的林投樹下避雨，卻發現樹林內竟有一丈方圓的空地，寸草不生，在大雨滂沱下這塊空地竟然滴水不入。驚異之餘，萬善爺跑進那塊一丈方圓的空地避雨，在靈地感召下，聰穎過人的萬善爺，頓然了悟宇宙的廣闊無邊、包羅萬象。從此以後，囝仔公每天到北康榔山放牛時，一定會到這塊空地靜坐，以參悟宇宙萬物的玄妙。某日，萬善爺靜坐時，恍惚遁入虛空的境界，證得照覺明知，在這塊靈地上，修成正果，無疾而終。萬善爺的舅父得知此事，就將祂的屍體用草蓆覆蓋，葬於其靜坐得道之處。

囝仔公大戰五府千歲

清嘉慶二十二年（一八一七年），五府千歲，也就是李、池、吳、朱、范五王，意欲擇地建廟，看上了康榔山的地理，也就是後來南鯤鯓代天府的廟地。然而這個地方本是萬善爺囝仔公每天靜坐的空地，由這塊吉穴靈地而得道成神的囝仔公，是不可能將地讓

▲南鯤鯓萬善堂所祭祀的主神萬善爺，又稱囝仔公。

▲南鯤鯓的萬善爺因王爺信仰而香火鼎盛。

給五府千歲的。

於是萬善爺就仗著先佔先贏的氣勢，向五府千歲抗議：「此吉地乃是我生前所佔，地下埋有銅針為證。」五府千歲也不甘示弱，隨即反駁道：「此福地是我們五兄弟渡海來台之時即看中的廟地，當時就埋下了一個銅錢為標記，以做為日後救世之地。」

萬善爺與五府千歲為廟地爭辯不休，互不相讓，於是請來了當地的山神土地公到場勘查，結果發現萬善爺所埋下的銅針，剛好插在五府千歲埋下的銅錢孔之中。土地公目睹此景，自知難以論斷孰是孰非，於是就離開了現場。

萬善爺眼睜睜地看著土地公離開，想到五個大人要欺侮一個小孩，越想越氣，於是就氣沖沖地向五王提議：「如果要得此寶地，就以法力來交戰，若能勝我，我無條件讓出，若您五兄弟敗陣，此後不可再來侵犯。」五府千歲答應了萬善爺的提議，雙方就此展開一場大戰。

萬善爺只是單槍匹馬，而對手五府千歲卻有神兵神將相助，囝仔公害怕自己實力不足，就開始招兵買馬，廣召陰兵陰將，要與五王一拚到底。據老一輩的廟祝口述，五府千歲與囝仔公帶領著神兵鬼將相互廝殺，每當午後，康榔山一帶愁雲漠漠，飛砂走石，日月無光，有時還會發出萬馬嘶吼與兵器交鳴的聲音。

相傳南鯤鯓代天府三王吳府千歲吳孝寬在此役中英勇善戰，每戰必身先士卒。聽廟祝口述，在那次的交戰之中，吳府千歲曾被囝仔公傷到額頭，所以代天府坐鎮開基三王的神像，額角上有一道傷痕，代表當年大戰所留下的英勇記號。

▲王爺信仰是台灣的強勢信仰，每逢祭典道士必定作法誦經。

翰林所

觀音大士化解糾紛

五府千歲與囝仔公雙方戰得難分難解，幸好赤山巖觀世音大士即時出面調解，並說道：「此地乃是難得的吉穴靈地，得此寶地之神聖，日後必定永享萬年香火，五王雖是代天巡狩的大臣，但萬善爺早在此得道成神，既然雙方都是爲了救渡苦海眾生而來爭奪此地，我希望你們能和平共存，五王蓋大廟，萬善爺蓋小廟，來大廟進香，必來小廟敬獻，共享人間香火。」

在觀世音大士的化解下，五王與萬善爺終於化干戈爲玉帛。因萬善爺靈感顯赫，南鯤鯓的居民就興建宮堂，廟名爲萬善堂。

十九世紀初期至二十世紀末期的兩百年來，因萬善爺的神威靈驗無比，分靈而出的廟宇，大約有二十多座。凡是到南鯤鯓代天府參香的信眾，也必定會到萬善堂膜拜祈求，而專程前來參拜萬善爺囝仔公的弟子，也不計其數。南鯤鯓萬善爺囝仔公，以農曆八月二十四日爲聖誕千秋。

▶萬善爺的金尊，以農曆八月廿四日為其聖誕千秋。

▲到南鯤鯓進香的善男信女在拜過王爺後，必定要再祭祀囝仔公，所求之事才會靈驗。

除妖斬邪庇地方

——匹敵於天的大帝爺

敵天大帝在台灣信仰中並不普遍，僅於嘉義新港月眉村和宜蘭市各有一座祀廟，尤以月眉村視其聖誕千秋爲一大盛事，眾村民平時勤勞節儉，等的就是八月廿五日的盛宴。

嘉義新港月眉村以及宜蘭市各有一座供奉敵天大帝的廟宇。敵天大帝俗稱大帝爺，又稱德天大帝。早期，敬仰敵天大帝的信眾，以中國福建移民來台的漳州人爲主。根據文獻記載，敵天大帝俗名爲林放，是春秋戰國時期魯國人，其爲人獲得孔子極高的讚揚。

敵天大帝由來

敵天這兩字並不是指與天爲敵，而是匹敵於天之意。新港鄉公所就曾因其名稱不雅而要求改爲德天大帝，但眾善信弟子卻不願接受。他們認爲神之聖稱是上天所賜封，世人

不可以隨便更改，而且敵天大帝並沒有任何指示，如果自改神名，是對神明不敬的。

嘉義新港鄉月眉村光天宮的敵天大帝，創建於清乾隆三年（一七三八年），至二十世紀末期已經有三百餘年的歷史。光天宮所供奉的敵天大帝俗姓林，因此，月眉姓林的家族，都敬祂如祖先。敵天大帝時常顯聖渡人，除妖斬邪，護祐地方。相傳太平洋戰後，新港大潭村附近曾有日本妖孽危害百姓以及家畜，村民祈求敵天大帝除害，在大帝的神威之下，終於使日本妖孽臣服。

一九四七年，地方人士認爲光天宮已經老舊，計畫予以重建，因建廟的木材匱乏，而不能馬上著手進行整修。有一日，敵天大帝顯靈，要村民前往布袋購買木材，村民就在半信半疑之下到了布袋港。發現有一位木材商人滿載福杉欲前往鹿港販賣，卻因不明颶風而折入布袋港，眾村民就買下全部木材。

▲民間奉祀敵天大帝主要是因其對地方的治安有很大貢獻。

在回到月眉的路上，村民們莫不敬服敵天大帝的靈感。此外敵天大帝還有諸多靈驗之事，使村民嘖嘖稱奇，信仰也更加虔誠。光天宮以每年八月二十五日爲敵天大帝的聖誕千秋，是月眉村的一大盛事。

光天宮聖誕大請客

月眉村對於敵天大帝聖誕的重視可從兩句諺語中看出：「儉腸縮肚，儉到八月廿五；女兒三次八月廿五沒回來，女兒就斷路。」這兩句話表示：月眉村居民雖然平時勤儉，但在八月廿五舉辦拜拜大請客時絕不吝惜，嫁出去的女兒，如果三次沒回來參拜敵天大帝，就毅然斷絕父女關係，由此可見村民信仰的虔誠。

月眉村的居民一直過著幸福平安而滿足的日子，樂天的村民將此歸功於敵天大帝的庇祐，而滿心感激。

▶「法仔」即靈媒，能溝通人界、仙界、鬼界。

▲敵天大帝在台灣信仰中並不普遍，僅嘉義新港月眉村及宜蘭市各有一座，信衆以漳州人為主。

公正清廉盡效忠

——傳說中的第二包青天丁啓濬

世人皆知中國開封府包青天公正廉明，而丁啓濬爲官親民、斷案如神，人稱第二包青天。他因不滿奸臣握權，竟告病辭官，含恨而終，鄉人心存感激，興建「丁公祠」以奉祀，玉皇特賜五虎將爲其駕前護法。

公正無私的包青天，是宋代歷史上家喻戶曉的嚴厲判官，他的鐵面無私，直到二十世紀末期的台灣，仍被各大電視台所製播的連續劇強力放送著，深受平民百姓的愛戴。而明代的丁啓濬，則繼承了包公斷案如神的精神，贏得了第二包青天的美譽。

第二包青天

丁府八千歲是明代末期人氏，生於福建泉州府晉江縣（行政區域後屬中國），俗名丁啓濬，字亨文，號哲初。其父丁日造，官拜刑部侍郎，祖父丁自申，曾擔任知府及南京工部主事，進郎中，出守順慶，代代爲國盡忠，可說是書香世家，一門忠烈。

丁啓濬於明萬曆十六年（一五八八年）中鄉舉，萬曆二十年（一五九二年）高中進士，曾任寶慶、杭州二府的推官。在他任官之時，處事精明毫不敷衍；累年積案，立即處理，決不拖延；申冤者平冤，有罪者即刻立斷，辦案料事如神。人民對他尊敬萬分，敬稱他爲半神仙。

朝廷對丁啓濬的才華非常欣賞，封賜他爲戶部主事；對於他的詩賦才華，官府人員也讚譽有加。不久丁啓濬又升任吏部文選，主掌選考官員。他爲官清廉，絕不收受紅包賄賂，可說是包青天第二。

丁啓濬因爲官清廉而獲朝廷指派委任，升爲司郎中。將上任之時，母親逝世，於是放棄官職，守孝百日，皇上感念他爲盡孝道而放棄高升的機會，就下詔封賜丁啓濬爲翰林書院提督四譯館太常寺少卿，後來又進而提升爲太僕寺少卿。

明崇禎年間（十七世紀中期），丁啓濬再因文章卓越，品詣優淳，又升爲太僕正卿，晉任刑部右侍郎，適逢刑部都察院二正卿俱缺，因此兼理刑部右侍郎與都察院二正卿兩職。短短幾年間，丁啓濬仕途平步青雲，自有歷史以來，有如此事迹之名臣，屈指可算。

雖然官運亨通，受朝廷器重，但是丁啓濬平時待人處事卻更加謙虛，視百姓如家人，不因居高位而驕傲，人民對他的風範也就更加尊敬。

丁府八千歲

丁啓濬被後人尊稱爲丁府八千歲，由於生在政治腐敗的明代末期，大奸臣魏忠賢等掌握大權，陷害忠良賢臣，丁府八千歲屢次進

表勸諫崇禎皇帝，但是崇禎又不能作主，最後竟下令丁啓濬不可管宮中之事。雖有正義愛國之心，但猛虎難敵猴群，丁啓濬見滿朝奸黨橫行，雖義憤塡膺，可惜無法剷除，最後只得告病回鄉。

雖棄官回鄉，但丁啓濬心在朝廷，只恨自己不能剷除奸黨，深恐明代江山就此覆亡，因此終日爲國煩憂，積勞成疾，最後含恨而終，享年六十八歲。當地人民聞訊，哀泣如喪親父，於是興建丁公祠奉祀。

丁啓濬一家三代都高中進士，爲官顯達，爲人謙遜，剛正不阿，高風亮節，飲譽華夏，死後人民供奉其神靈，尊稱爲丁公爺、丁府千歲，可是，丁府八千歲之名到底是從何而來？

相傳，乾隆下江南時，曾要杭州知府試舉歷朝名臣賢士，知府跪奏：「吾主聖明，良臣賢士諸多，明朝良臣太僕寺卿丁啓濬在杭

▲丁府八千歲在世俗名為丁啓濬，為尊為「第二包青天」。

◀王爺部將—黃、黑、白、青、紅五虎將的鞭杖。

州任官時，剛正廉明，愛民如子，斷案如神，民稱半神仙，可謂良臣。」乾隆皇帝命道其詳，知府又奏：「丁公因彈劾太監李賓罪行，被魏忠賢奸黨陷害，棄官回鄉不久歸隱山林，昭雪後，欽賜『權宜行事』，出巡江南，到處爲民除害造福，卒賜刑部尙書，御賜祭葬蔭子，杭州百姓感念其豐功碩德，以虔誠之心建造丁公祠奉祀。」

乾隆聽後沈吟片刻，然後說道：「宰輔三公爲九千歲，丁公乃八千歲也。」從此就有「丁府八千歲」之稱。

八千歲神蹟

丁府八千歲成神之後，靈驗無比，中國福建省泉州府每一個鄉鎭的居民，都前來恭請神尊以鎭家宅，尤以德化縣、南安縣、晉江縣等最爲普遍，而且弟子也興建宮宇立廟祭拜，香火鼎盛。

相傳清道光年間（十九世紀初中期），晉江縣丙州村曾發生大瘟疫，病死數千人。丙州村民就進入丁府八千歲的廟宇，祈求神明驅除瘟疫。神駕降靈指示，必須禮迎三十六進士來驅逐瘟神厲鬼。所謂三十六進士，是指唐代至清代間的三十六位進士，官威顯赫，被民間奉爲神明，俗稱王爺公。

村民依其指示，塑造三十六進士的神像，齋戒建醮，建造王船，由道士揮劍念動咒語，將瘟神厲鬼趕出鄉里，並請三十六位進士押送下海。但這三十六進士的神像放在船上時，被海風吹落一尊，村民再將神像恭請上船，不久又被風吹落，連續三次。

眾人祈求神靈扶鸞降駕，指示這是什麼原因，神駕就在沙灘上寫出：「丁府八千歲要留鄉保境安民。」村民就將丁府八千歲供奉在中國晉江縣丙州村的普庵宮裡，果然瘟疫消滅，全境平安，從此丁府八千歲的神威傳遍鄰近鄉里，眾人都來焚香點燭，祈求平安，使五穀豐收、漁船滿載。

丁府八千歲在台灣建宮，至二十世紀末年已經有一百五十多年，爲沿海一帶村民所敬仰，其中以雲林地區奉祀最爲普遍，另外在屏東、高雄、宜蘭也有廟宇，雖然這位神明的在世事迹與傳說和海沒有關係，但卻普遍受到沿海居民的崇敬。

五虎將的由來

說到丁府八千歲，就不能不提到祂的部將神——五虎將。明代開國軍師劉伯溫在五行山夜觀星宿時，發現夜空中的五虎星宿下降凡間，轉爲人形，其主要任務即輔佐眞命天子朱元璋打天下，成爲大明皇帝。

傳說中轉爲人形的星宿包括黃虎星沐英，黑虎星胡大海，白虎星常遇春，青虎星徐達，紅虎星湯和。他們因輔佐朱元璋開國建立明代基業，功勳彪炳，堪爲後世所敬仰，因此被玉皇上帝敕封爲天神。

完成輔佐任務後，五虎將欲返還天界，竟無法歸位，適逢丁府八千歲奉旨「代天巡狩」，玉皇上帝也因此欽賜五虎將爲駕前護法。

五虎將有「五虎皆喜」之說，即象徵五虎臨門之意，其主要原因在於各人所持法器皆有特殊含意。

黃虎大神沐英所持法器爲主神丁府八千歲之硃砂筆，含一筆安天下之意，所持陣步具有「祈安植福」的功能；黑虎大神胡大海所持法器爲旋風金光鎚，所持陣步具有「斬妖除魔」的功能；白虎大神常遇春所持法器爲五雷誅魔鞭，所持陣步具有「驅煞押邪」的功能；青虎大神徐達所持法器爲天星河銀斧，所持陣步具有「改運祛禍」的功能；紅虎大神湯和所持法器爲擎天流星劍，所持陣

步具有「清掃穢氣」的功能。

通常在五虎將陣前尚有「虎差」，即俗稱的虎爺，手持五虎將之旗牌，專司接令與傳令之職；並兼具偵察境域，也就是防哨的任務。五虎將除專責保駕主神、司維護正道之職外；並兼具清掃穢氣、斬妖除魔、驅煞押邪、改運袪禍及獻福祈安等功能，是以博得「神界五虎降凡塵、掃滅瘋魔與亂道」之讚譽。而常以「勸善、導善、揚善」來教化眾生，提倡「信仰而不迷信」、「參與而不迷思」的丁府八千歲確實發揚了宗教淨化社會風氣，強化社會教育的功能。

▶台南燒王船為台灣著名的瘟神信仰之一。

代天巡狩驅瘟疫

——南台灣的王爺信仰五府千歲

台南南鯤鯓代天府五府千歲香火鼎盛，相傳李、池、吳、朱、范五人因助唐開國有功，所以後人建廟來奉祀祂們，又傳是爲三百六十位招嫉致死的進士而建，後來各姓爲表慎終追遠而設祭拜。

台灣民間信仰中，除了信仰天上聖母媽祖娘娘最爲普遍之外，另外一個相當強勢的信仰，就是王爺公。奉祀王爺公的廟宇，在一九一八年時有向政府登記的佔全部寺廟的百分之十三點五九，也就是說每七間廟宇中，就有一間是王爺廟。由此可知，王爺信仰是台灣民間的強勢信仰，不管神明名稱或者堂殿廟宇，皆是全台之冠。

台灣民間的王爺信仰

王爺公俗稱千歲，共有三百六十位、一百三十二姓，在台灣有九十幾個姓。

最早奉祀王爺的宮廟，大部份都在沿海一帶，以高雄、台南、嘉義、雲林等地最爲普遍。但是在王爺公的威靈顯赫的事迹廣爲流傳的情況下，信徒已經遍布全台。

敬拜王爺公的習俗，起自於先民渡海來台之時，隨身奉請神明金身，或者攜帶香火，在台灣定居之後感念祂的庇祐，便建宮起廟朝拜，香火延綿不絕。此外先民在中國閩南一帶，每一次做王爺醮時，將王船放入海中漂流，之後王船在台灣沿海靠岸，信徒便恭請上岸建廟敬拜。

在台灣王爺信仰包括一府千歲、二府千歲、三府千歲、五府千歲、七府千歲、五年千歲等，其中五府千歲的王爺就有：蘇、王、梁、秦、蔡；李、吳、池、陳、伍；池、邢、金、何、馬；溫、白、紀、范、雷；朱、岳、韓、金、伍等不同組合。

這裡所要介紹的五府千歲，是李、池、吳、朱、范。根據《南鯤鯓代天府沿革》的記載，五府千歲是隋代末期人氏，隋煬帝執政時荒縱無道，戰爭四起，百姓生活非常困苦。當時李、池、吳、朱、范五人，乃是結拜爲生死之交的異姓兄弟，知道隋煬帝不是他們所欲輔佐的明君，於是變賣家產，賑濟百姓，五兄弟相偕投靠唐高祖，幫助高祖打敗隋煬帝，建立唐代。

唐武德五年（六二二年），李、池、吳、朱、范五兄奉命領兵平定廣州，路過九江時又智擒叛賊輔公佑，回京之後，唐高祖嘉許其功勞，賞賜奴婢。但是五兄弟生性仁慈，不但使百名奴婢回歸故里，又贈送金銀，從此五兄弟的仁慈以及豐功偉績傳遍各地。

五王文武雙全功在唐

李府千歲俗名李大亮，涇陽人，文武雙全，乃是五王之首，由於輔助開國有功，唐高祖封賜為金州總管司馬，不久又加封安州刺史。唐貞觀年間，先後出任交州都督、涼州都督、西北道安撫大使、劍南道巡省大使、左衛大將軍、工部尚書等職，晉爵武陽公。貞觀八年（六三四年）李大亮領兵征伐吐谷渾的番兵番將，貞觀十五年（六四一年）又大敗番將篩延陀，受封為行軍總管。

李府千歲為唐代立了不少功勞，也幫助建立不可動搖的唐王國。由於功在社稷，李大亮在朝廷是一位受人尊敬的名將，又因為父母早已過世，平日在家侍奉兄嫂如同父母，傾盡家產幫助需要的百姓，可以說是一位十全十美的聖賢。

根據《唐書》記載，李大亮是唐代的開國功臣，由金州總管晉升到行軍總管，對唐初穩定政局貢獻良多。他不但忠君愛國、體恤百姓，又有君在臣在、君亡臣亡的偉大情操，在唐高祖駕崩之後，竟追隨唐高祖於九

泉之下。

相傳玉皇上帝知聞李大亮之事，就敕封祂爲代天巡狩，駐守人間，擁坐王船，巡狩四方，以驅疫除瘟，聖稱爲大王李府千歲，四月二十六日爲其聖誕千秋。

二王濟世救民除瘟疫

二王姓池名夢彪，陳留人氏，文質仁心，天資聰穎，性情剛直，治軍嚴正，用兵如神。唐高祖入關時，因助唐開國有功，授封中郎將、折衝都尉。貞觀十七年（六四三年），隨唐太宗親征高麗國（即後來的韓國），勢如破竹，又加封爲宣威將軍。

池府王爺是一位文質彬彬的神聖，爲何金身造型是黑臉，眼大如豆，看起來威嚴無比呢？傳說池府王爺某夜夢見一位瘟神，奉玉帝旨令下凡降災、散佈瘟疫，池王知道這件事後，便請這位瘟神到府中飲酒暢談。瘟神

▶五府千歲是李、池、吳、朱、范五王，在台灣每七間廟宇中就有一間是王爺廟。

▲王爺公又稱千歲，共有三百六十位、一百三十二姓。

暢飲之後，已有幾分酒意，就吐露下凡之意，池王心腸慈悲，害怕百姓受災，託言借看藥粉，趁瘟神不注意時將那包瘟疫粉全部吞下。

藥粉進入池夢彪腹中，藥性發作，隨即滿臉變黑，兩眼突出而亡。瘟神帶著池夢彪的靈魂參見玉帝，玉帝感念祂愛民救民的精神，敕封祂爲代天巡狩池府千歲，六月十八日爲聖誕千秋。

三王文業武功皆盛

三王吳孝寬，江蘇吳縣人，志烈秋霜，嫉惡如仇，對地理風水，非常有研究，又會觀星望斗，文業武功受眾兄弟的敬仰。

由於幫助唐高祖開國有功，授封「中郎將」，不久又高中進士，奉命出任知府，愛民如子，深得唐高祖的器重。繼封吏部尙書，經常教導百姓開墾圳溝，引水灌溉田地，當時的人稱讚吳孝寬爲「眼望天、心在地」。三王五府千歲何時昇化並無資料記載，但五兄弟中只有吳府三王爺沒有留鬍鬚，九月十五日是三王的聖誕千秋。

四王朱叔裕，嘉興人，才學出眾，公正無私，明辨是非，執法森嚴。唐高祖建國時，曾奉命鎮守土門，攻退前來侵犯的胡人。武德五年（六二二年），領兵平定廣州，授封綿州刺史、大理寺卿，又官拜吏部天官，何時升化已無資料可查，玉帝也敕封祂爲代天巡狩，朱府千歲聖誕是在八月十五日。

五王范承業，和吳府三王同是江蘇吳縣人，博通經史，智勇超群，精通醫術，時常醫人救世，做官時，打敗巴東流寇，授封折衝都衛。唐高祖在位之時，以七篇文章高中進士，不久出任刑部大司寇。唐太宗在位時，擔任武州刺史以及太原尹，四月二十七日爲其聖誕千秋。

五府千歲在世時有功於國家，有德於百姓，升化之後又庇祐先民，由中國來到台灣。經過三百多年來人民的辛勤開發與王爺公的庇護，已經使原本荒蕪的土地成爲後來的蓬萊仙島。

自五府千歲稱神至二十世紀末期已經有一千三百多年，祂的神威靈感，深入每一個人的心靈。奉著玉帝的旨令，五府千歲擁坐王船，代天巡狩，驅瘟除疫，在祂神威廣大之下，台灣的瘟疫已經消失無蹤。

民間的王爺公傳說

關於王爺公的由來，還有另一種說法。

根據傳說，五府千歲是唐玄宗時三百六十位文官進士，才學超倫，高風亮節，因不願與朝中權臣狼狽爲奸而招致妒恨。

適逢唐玄宗想試試看張天師後代的法力是不是像傳說中那麼神奇，奸臣就趁此機會獻計，意欲剷除這三百六十位進士。

沒想到玄宗竟誤信讒言，乃傳召三百六十位新科進士藏入地下殿，各執笙琴演奏，再召天師入宮，說道：「皇宮有妖魔作怪，以致笙歌不絕，請天師作法收妖。」天師上奏道：「此樂聲出自人爲，非關妖祟，我若施法，枉斷人命。」

奈何玄宗執迷不悟，一意孤行，在帝命難違之下，天師唸動眞言，揮劍直指地下，霎時笙斷琴絕，了無聲息。玄宗命人查看，只見三百六十位進士。已經氣絕身亡。本爲試探天師法力，卻落得如此下場，玄宗悔恨交加之餘，又恐其冤魂報復，便各賜王爺封號，命令全國建廟供奉。

另外一個傳說則指唐明皇時有三十六位進士同榜題名，個個才學出眾，卻招朝中奸佞所嫉，時常進讒譭謗，唐明皇遂將三十六名進士以私通敵國的罪名拘捕，監禁在天牢裡。爲了趕盡殺絕，奸臣又賄賂獄吏暗中鑿引河水，灌進天牢，而三十六位進士也因而慘遭滅頂。

唐明皇發現眞相後悔恨不已，傷悼之餘，立即肅清朝中奸臣，晉封三十六進士官位爵祿。民間於是流傳著枉死天牢的三十六進士，死後化爲一道靈光直沖天宮，玉帝憫其情，敕封爲代天巡狩，令其駐守凡間，保衛蒼

生。

第三個傳說則是關於明朝初年閩粵地區的三百六十名進士。乘船共赴北京殿試時，在福建海面遭遇颶風，無一生還。三百六十縷亡魂遊盪人間無法歸天，皇帝聞訊，於是分別敕封爲王，通令沿海一帶建廟奉祀。

第四則傳說發生在明代末期，三百六十名及第進士，因不願受清朝統治，相約自殺殉國，死後魂魄升天，玉帝憐憫他們的忠烈風範，一一敕封爲王，並授命下凡，稽查人間善惡。

關於台灣王爺公源流的諸多傳說，還有一種說法是「族姓朝拜」，譬如隨著鄭成功來台的先民，若是姓李，爲了紀念祖先，而尊稱王爺公爲李府千歲，姓朱就尊稱爲朱府千歲。

五府千歲中，除了李府千歲李大亮，在新舊《唐書》內都有記載之外，其他四位王爺，並無任何書面資料留存。然而不管有無憑藉，信仰王爺公的子弟們，仍然誠心相信著南鯤鯓代天府的五府千歲傳說，伴隨著香煙繚繞，年復一年地禱祝膜拜。

▶東港王船祭的迎王爺繞境，所經之處萬人空巷，熱鬧非凡。

扶鸞舉轎問諸事

—廁神的信仰與問事儀式

曾出現在台灣民間信仰中的廁神有三人，其中最著名的紫姑，相傳爲唐代時期人氏，因姿色與才識遭嫉，被害於廁中，後人憫其遭遇，故以祂爲廁神，常於元宵節問卜以占禍福。

廁神的由來

台灣民俗宗教的特點爲多神教，人民崇拜的神明非常多，範圍也很廣，可說是無所不在，無時不有，大至天界、人間、陰間、山岳、湖海，小至門、床、井、灶，甚至於廁所中也有神靈存在。廁所雖爲污穢之地，但在古時，廁神的影響力還是很大的。

紫姑與戚夫人

廁神主要有紫姑、坑三娘娘以及三雷娘娘。紫姑相傳是唐代人，俗名何媚，字麗卿，山東萊陽人。自幼知書達禮，長大之後嫁給一位唱戲者。唐武則天時，壽陽刺史李景著迷於何媚的天姿國色，就用計害死何媚的丈夫，將何媚強納爲侍妾。何媚年輕貌美，李景的大老婆爲人刻薄，對何媚又妒又恨，哪肯容忍她的存在。於是在正月十五元宵節夜裡，狠心將何媚斬殺於廁中。

何媚慘死後陰魂不散，之後每當李景在廁所方便時，總會聽到隱隱傳來的啼泣聲，夾雜著女人被砍殺時絕望而淒厲的尖叫。

後來武則天得知此事，對於何媚的遭遇深感同情，於是就敕封她爲「廁神」。另一種說法是何媚死後化爲一道靈氣直沖九霄，玉皇大帝憐憫她的不幸而命之爲廁神。

除了何媚，漢高祖劉邦的愛妃戚夫人據說也是廁神之一。在《月令廣義》〈正月令〉中有提到：「唐俗元宵請戚姑之神，乃漢之戚夫人死於廁所，故凡請者詣廁請之。」戚夫人與劉邦大老婆呂后因立太子之爭而結怨，呂后得勢後就以非常狠毒的手段報復戚夫人。不僅僅將戚夫人的頭髮剔光、貶她爲奴，被妒意與仇恨淹沒的呂后最後還逼著戚夫人呑炭而啞，剜除她的雙目、割掉她的雙耳、斬斷她的四肢，讓又瞎又聾又啞的戚夫人在臭氣沖天的廁所裡蠕蠕而行，名之爲「人彘」。得意洋洋的呂后甚至還率領她的兒子漢惠帝以及朝中群臣輪流來參觀這個慘絕人寰的傑作。戚夫人氣絕之後，民間爲了撫慰她生前所遭受的巨大痛苦，而尊稱戚夫人爲廁神。

坑三姑娘神

廁神另外一個記載就是《封神榜》中武財神趙公明的三位小妹——雲霄、瓊霄、碧霄。趙公明因幫助紂王而被周朝所殺，雲霄三姐妹決定下山爲大哥報仇。三姐妹先後擺下黃河陣，大敗楊戩、金吒、木吒等人。根據《封神榜》描寫，三位姐妹所擺的黃河陣非常厲害，全名叫「破九曲黃河陣」，其中詩文云：「黃河惡陣按三才，此劫神仙盡受災。九九曲中藏造化，三三灣內隱風雷。謾言閬苑修眞容，誰近靈台結聖胎。遇此總教重換骨，方知左道不堪媒。」只要進入黃河陣，就算是神仙也必死無疑。

除了黃河陣之外，三姐妹的混元金斗及金蛟剪也是厲害非常，幾乎是屢戰屢勝。最後，燃燈道人眼見情勢不妙，就到玉虛宮恭請元始天尊和太上老君下凡，將三姐妹的法寶收起來，才破了黃河陣，而三姐妹則戰死在陣中。姜子牙滅商後，在封神台大封神仙，三姐妹被封爲「感應隨世仙姑」，執掌混元金斗，專司先後之天，凡仙、人、聖、諸侯、天子、貴賤賢愚，落地必須先從混元金斗轉劫，不得越此。

▶每逢元宵，也是祭拜廁神紫姑的日子。

▲民間信仰無所不拜，連廁所也有神靈存在。

混元金斗就是凡間所用的淨桶，凡人降生都要經由淨桶化生，天子庶民皆同。《封神榜》中的這段記載後來被援引為廁神的來源，又因為古時茅廁也叫做茅坑，因此雲霄三姐妹就被稱為「坑三姑娘神」。但在民間，大部份仍以唐代的何媚為廁神。

扶乩請廁神

廁神變成紫姑神是由民間扶乩請廁神的習俗演變而來（古代元宵節有請廁神問禍福、占卜諸事的習俗），但是近代在中國或台灣這個習俗已經不再有人遵循了。

請廁神必須在廁所旁，準備一張桌子，上面撒白米或者泥土，後來就改用檀香粉末。主持此儀式者限定為女性，焚香點燭，供奉四果、鮮花，並且要準備花粉、胭脂、鏡、剪刀、尺、淨香爐等。請廁神的用具有掃帚、畚箕，因為廁神並沒有神像，所以就用紙做一個紙人立在廁所，然後用衣服蓋在掃帚上面。

在廁所裡面恭請廁神，所唸的請神文是：「子胥不在，曹夫亦去，小姑可出。」子胥就是廁神何媚第二個丈夫李景，曹夫則是古時大老婆的稱呼，前兩句是李景與大老婆都不在的意思，第三句的小姑就是指紫姑，也就是廁神何媚。

問事的女性將請神文唸完之後，就由兩人拿著畚箕，畚箕上面要結紅花，畚箕口插一支銀釵或者竹枝，站在桌邊伺候紫姑降靈。如果紫姑神有來，紙人就會開始搖動，紙人搖動之後，畚箕也開始前後搖動，過不久再變成左右搖晃，有時候也會上下搖。此時，問事的人就要恭請畚箕出字。如果是紫姑前來降靈，畚箕上面的銀釵就會在桌上寫上「紫姑」兩字，由兩位女性手持畚箕請紫姑指示禍福、占卜吉凶。

扶紫姑是扶乩的始祖

扶箕在六朝時期開始流行，到了唐、宋時最爲盛行。《集說詮眞》一書說道：「今俗每屆上元節，居民婦女迎諸廁神。」其注書：「既於廁一日，取畚箕一只，飾以釵環，簪以花朵，另用銀釵一支插箕口，供坑廁側，另設供案，點燭焚香。小兒輩時之行禮，扶者將箕口緊對案上白米，銀釵即在米上亂畫，禱者問其年歲多少，則箕口以點以畫指示。」由兩女扶畚箕請紫姑，稱爲扶箕，也稱爲扶乩。在台灣扶鸞觀舉轎，就是由扶畚箕請廁神所演變而來的，所以扶紫姑就是所有扶乩的始祖。

在古時，文人雅士時常以扶乩來唸詩對答。蘇東坡在《東坡集》十三卷〈紫姑神記〉、〈天篆記〉中也有記載扶乩之事，對紫姑的靈應也深信不疑。在袁枚《子不語》第二十卷有記載，清康熙年間（十七世紀中至十八世紀初期）會試，上京赴考的舉子也以扶乩來請求出示考題，乩字所寫「不知」二字，舉子再拜求告曰：「豈有神仙而不知之理」，乩字再寫「不知不知又不知」，眾人大笑曰：「以仙爲無知也」。結果考題是：「不知命，無以爲君子也，三節。」

扶乩在古時盛行一段時間，然後又轉變爲觀椅仔姑，用椅子代替畚箕，椅子必須要用竹子做，四支竹腳向上，一樣由兩位女性來扶持，在台灣也有人稱之爲觀三姑。

觀椅仔姑除了必須準備供品之外，一定要在地上焚燒金銀紙，同時也要唸出諸神咒：「椅仔姑、椅仔姑，請恁姑仔來坐塗，坐椅起，坐椅定，腳踏蓮花，手連理，今年姑仔妳幾歲，三歲穿白彩，烏領罩，繡裙繡荷包，荷包哆囉哖，色褲滾青崁，也有花，也有粉，也有檳榔青，也有老葉藤。好食分分恁，分阮姑仔恰是親，親都親，開阮姑仔路頭來。」咒文唸三遍左右，椅子就開始搖動，代表紫姑已經坐椅，問事者就請椅仔姑上案出字。後來又演變爲用桃木開叉做爲鸞筆來扶鸞，由觀椅仔姑演變爲觀輦轎。

中國人崇尚「天人合一」，注重「自然與人」的和諧，因此對於萬物莫不予以尊重和關懷。廁神便是在這種自由寬容、善良天眞的民族性格下產生的。但在台灣已鮮少祭拜廁神，故沒有以其爲主祀的廟宇。

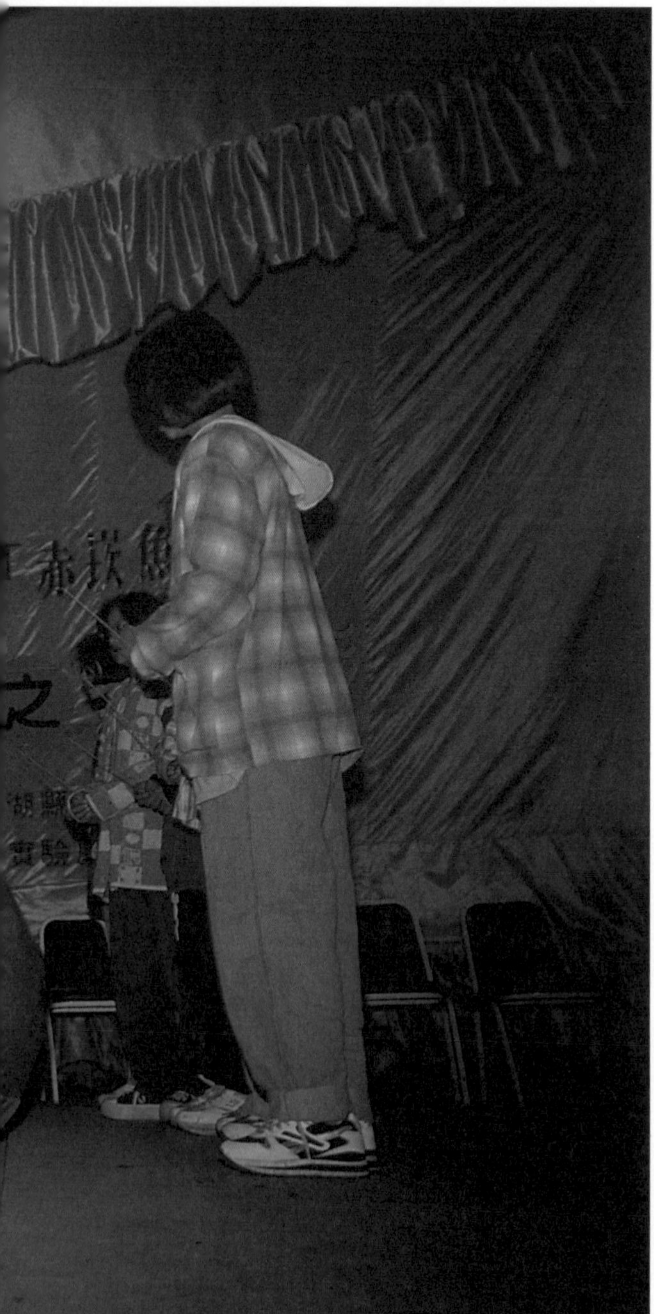

◀澎湖扶乩請廁神，占卜禍福問諸事，又稱為觀椅仔姑。

十五年全國文藝

狂濤駭浪噬生魂

——萬善爺奮勇救童殉難

一場天災造成人禍，死傷無數，皇帝因憐恤這些無辜受害者，撥款埋葬，置於萬善爺祠旁，敕封墓坵為「萬善同歸」。當時捨身救人的陳英雄與不幸遇難的八名孩童，也被塑成九頭十八手的神像來供奉。

台灣所供奉的神佛中，有的是從中國奉請而來的，有的則是台灣本島先民有功於國家、有德於社會，過世之後，因普受後世人民的敬仰而升格為神，其中最常見的就是「萬善爺」。

萬善爺又稱為有應公，是台灣民間信仰中神格最低的神祇，泛指無主的孤魂野鬼。在雲林縣口湖鄉有一座廟宇，廟名為金湖萬善爺廟，就奉祀著一尊非常奇特的萬善爺神像。這尊神像表情嚴肅而堅定，雙手牽著四個孩子，後面又背著四個小孩，總共加起來九個人，十八隻手，被眾善信弟子尊稱為

「九頭十八手」。據說此尊神像是清代時期的雕刻作品，和一般在萬善爺廟中所見慈祥和藹的神像有相當大的差異。

萬善爺祠由來

為何金湖萬善爺廟會供奉這尊神像呢？故事發生在清道光年間（十九世紀初中期），根據明清史料《台案彙錄戊編》的記載：道光二十五年（一八四五年）農曆六月初七的黃昏，正是金湖人吃過晚飯，三三五成群閒話家常的優閒時刻。沒想到，霎時烏雲密佈，一轉眼，大地全部籠罩在狂風暴雨之中，震耳的雷聲加上驚人的浪濤，滾滾湧向樹苓湖沿岸的村莊與港口。狂風、暴雨、雷電和大海嘯，就這樣肆虐大地達五、六小時之久。一時樹苓湖沿岸的蝦子寮、舊新港、竹達寮，以及鄰近村庄的無數生靈，全部被呑噬於狂濤駭浪之中，隨波魂歸天國。

根據當時的統計，約有七千多人罹難，據廟方口述，當時雲林、嘉義、台南等地所有的棺木加起來都不夠用，就連草蓆也都用罄，最後就只能挖坑埋葬，將七千多人分葬在四個地方，其中埋最多人的就是下湖港邊，萬善爺祠旁的萬人堆。後來，清道光皇帝為體恤無辜百姓遽然蒙受浩劫，一夕之間家破人亡，除了撥出庫銀賑災之外，並敕封此萬人堆墓坵為「萬善同歸」。

水災發生後第六年，也就是清咸豐元年（一八五一年），幸運逃過死厄的居民為了紀念這些不幸死難的同胞，於是就興建廟宇，做為金湖祭祀之祠。到了一九六八年重建廟宇，命名為萬善爺祠。一九八五年，在雲林縣口湖鄉港東村，又興建了一座佔地很大的金湖萬善爺廟。因此，金湖的萬善爺廟總共有兩座，舊港的萬人堆旁是萬善爺祠，大路邊則是萬善爺廟。

九頭十八手

萬善爺廟與萬善爺祠中，各有一尊九頭十八手神像，此金尊的來由與那次災難也有關係。古云：「神者伸也，氣之伸者爲神，大凡古來之聖賢，遺澤施乎萬世，受人崇仰，或其正義仁愛，救世救民，造福桑梓，爲人留念，法之後世。其生前必有超凡可取之處，爲人崇奉信仰。」

九頭十八手就是如此。

九頭十八手的金湖萬善爺，俗名叫做陳的，字英雄，生於清嘉慶十四年（一八〇九年），在家事親至孝，在外備受村民敬重。陳英雄體格魁梧，臂力過人。暴風雨來臨時，陳英雄正在池邊捕魚，忽然間風雲變色，陳英雄馬上趕回家中探視母親。但家園卻在頃刻間就已經被沖毀，母親不幸在大水中溺斃。陳英雄悲痛欲絕之際，忽然聽到隔壁傳來孩子的哭聲，強忍著悲傷起身一探究竟，驚見八個孩子站在

▲九頭十八手雙手牽著四個孩子，背後又背了四個，兩眼炯炯有神。

◀颱風、地震頻繁的台灣，有不少人都喪生在自然災害之下，因此各地都會建廟供奉無主的孤魂野鬼。

木櫃上就快要被水淹沒。陳英雄當機立斷，毫不遲疑地馬上兩手各牽兩個，身後背起四個，奮不顧身要救這八個孩子離開險境。

陳英雄爲救八個孩子，在黑夜中與狂風暴雨搏鬥，縱然他體格魁梧，臂力過人，但終究抵不過大自然毫不留情的威力，走了一百步左右，不幸連同八個孩子，全部被捲入汪洋碧海之中，魂魄同歸仙界。

隔日早上風雨漸歇，海水退潮，金湖一帶滿目瘡痍，屍橫遍野。在這幕神人同悲的悽愴畫面之中，最爲醒目的，就是一具年約三十五歲壯年男子的屍體，兩手牽著四個孩子，身後背著四個孩子，兩眼炯炯有神地注視前方，好像活人一般。這具栩栩如生的遺體就是陳英雄。後人因感念陳英雄的英勇事迹及捨身救人的精神，就雕刻祂拯救八個孩子的情景來奉祀，尊稱陳英雄爲「萬善爺」，又稱「九頭十八手」。

護國安民庇四方

——四大天王職掌風調雨順

大雄寶殿韋陀尊者兩側站立的四大天王，
為佛教的護法天神，又稱四金剛，
東方持國天王、南方增長天王，
西方廣目天王、北方多聞天王，
輔弼四方教典，護國安民，職掌風調雨順。

中國的道觀與佛寺都有一定的擺設與裝飾，舉例來說，佛寺的第一殿一定是天王殿，裡面供奉著未來佛彌勒菩薩，其背後是鎮守山門，兩眼注視著大雄寶殿的韋陀尊者，韋陀尊者的兩側則立著四尊姿態各異的四大天王。四大天王就是佛教的護法天神，又稱四大金剛。

四大天王分別是東方持國天王、南方增長天王、西方廣目天王、北方多聞天王。根據《阿含經》的說法，東方持國天王名為「多羅吒」，帶領乾闥婆以及舍闍神將，保護弗婆提人；能護持國土，梵名為東方提頭賴吒天王，居住在須彌山黃金埵，手彈琵琶，其職爲「調」。

南方增長天王名爲「毗琉璃」，帶領鳩槃荼以及薛荔神，護持閻浮提人；能使凡人善根增長，梵名爲南方毗婁博義天王，居住在須彌山瑠璃埵，手持劍，其職爲「風」。

西方廣目天王名爲「毗留博叉」，帶領一切諸龍神以及富單那，保護瞿耶尼人；梵名爲西方毗婁勒義天王，以淨天眼觀護閻浮提，居住在須彌山白銀埵，手握一尾蛇，其職爲「順」。

北方多聞天王名爲「毗沙王」，帶領夜叉羅刹將，護持單越人。梵名是北方大聖毗沙門天王，以福德名聞四方，所居之處是在須彌山水晶埵，手執傘，其職爲「雨」。

四大天王各以其手中所執之物，來象徵職掌之權，四者合而爲一，則分別代表「風」、「調」、「雨」、「順」之瑞兆。

封神榜的魔家四將

佛教經典中所記載的四大天王與古典名著《封神榜》的描述有很大的差別。在《封神榜》中，四大天王是佳夢關魔家四兄弟，因得到異人傳授，各個身懷絕技。大哥名叫魔禮青，身長二丈四尺，面如活蟹般鐵青，鬍鬚猶如銅線一樣又粗又硬，手持一根長槍，擅步戰，無座騎，又有青雲寶劍，上書「地」、「水」、「火」、「風」四符印。

二哥名喚魔禮紅，手持混元傘。混元傘是以明珠穿成，有祖母綠、祖母碧、夜明珠、辟塵珠、辟火珠、辟水珠、消涼珠、九曲珠、定顏珠、定風珠等等，另以珍珠穿成「裝載乾坤」四個字。相傳此傘厲害無比，一旦撐開則天昏地暗，日月無光，輕輕轉動則乾坤晃動，神人見之無不喪膽。

排行第三的叫魔禮海，手持琵琶，上按四

條弦，依「地」、「水」、「火」、「風」輪流撥動，威力無窮。

第四位就是魔禮壽，手拿雙鞭，雙鞭的樣子就是類似白鼠的花狐貂，一旦抖動雙鞭，花狐貂就立刻復活，腋下生出飛翅，最愛以人爲食。

在《封神榜》中，魔家四兄弟奉聞太師之命征討西岐城，由於魔家四兄弟的法力實在太過高強，西岐城眾將慘死在四魔之手者不計其數。最後由玉鼎眞人門下弟子二郎神楊戩與清虛道德眞君門下弟子黃天化二人合力，奮戰數百回合，才斬殺了魔家四將。

商代滅亡之後，周代興起，姜子牙封神之時，奉元始天尊之敕命說道：「爾魔禮青等，靠著秘授之奇珍，違逆天命，逞兄弟之一體，致戰戮無辜，雖忠心可嘉，奈氣運之難躲，同時而盡，久入沈淪，今特敕封爾等爲四大天王之職，輔弼四方教典，立地水火

▲東方持國天王多羅吒手彈琵琶，執「調」。

▲北方多聞天王毗沙王手執傘，執「雨」。

▲南方增長天王毗琉璃手持劍，執「風」。

▼西方廣目天王毗留博叉手握一尾蛇，執「順」。

風之相，護國安民，掌風調雨順之權，永修厥職，毋忝新綸。增長天王魔禮青，掌青光寶劍一口，職風；廣目天王魔禮紅，掌碧玉琵琶一面，職調；多聞天王魔禮海，掌混元珠傘一把，職雨；持國天王魔禮壽，掌紫金金龍花狐貂，職順。」以四兄弟受封的順序來看，剛好依次為風調雨順。

《封神榜》與佛教的四大天王職掌略有不同。佛教經典中的廣目天王手中拿蛇，職順，《封神榜》的廣目天王則掌琵琶，職調；佛教經典中的持國天王手提琵琶，職調，《封神榜》的持國天王則手執紫金金龍花狐貂，職順。但台灣民俗信仰則有別於兩者，以托塔天王為北方多聞天王。然而，即使說法不同，同樣都能表達出民間對於風調雨順、國泰民安的企求，畢竟，對於重視功利與實用的台灣人來說，能夠護庇萬民的神祇，當是最值得景仰的。

敬畏天地崇衆神

——二十八星宿主掌人間禍福

先民對於自然變幻莫測感到恐懼，怕白晝太陽太大，黑夜沒有月亮，因無法掌握自然，而產生了泛神觀，周代時將恆星分爲三垣及東西南北二十八宿，認爲人間吉凶禍福皆由這些星宿掌握。

遠古時代，人類認爲萬物皆有神，此一觀念已延續數千年，不管是天上或者地下的萬事萬物，都被視爲有神靈的存在。天有日月星宿之神，以及風雨雷電等自然現象神；地有大地、山川、河海，以及人格神。早期人類目睹宇宙空間的變化莫測，因恐懼而加以崇拜，怕白天太陽太大，怕晚上沒月亮，致使生活的起居作息無法掌握，因而產生一切都是由神來操作的觀念與信仰，認爲太陽有太陽神、月亮有太陰娘娘，五大行星——金木水火土，也各有神祇存在。在周代時，更有二十八星宿神之說。

簡介二十八星宿

周代時期有兩位天文學家，將周天的恒星分爲三垣及二十八宿，並且各命之以名，從此以後，歷代的天文曆數就依此說法，並賦予各個星宿吉凶禍福的象徵，變成了所謂的中國星相學說。二十八星宿均勻分佈在東西南北四方，即所謂的東方蒼龍、北方玄武、西方白虎、南方朱雀。

東西南北各有七宿，合起來總共二十八宿。東方蒼龍七宿其名稱爲：角、亢、氐、房、心、尾、箕；西方白虎七宿爲：奎、婁、胃、昴、畢、觜、參；南方朱雀七宿爲：井、鬼、柳、星、張、翼、軫；北方玄武爲：斗、牛、女、虛、危、室、壁。

在《封神榜》一書裡，二十八星宿各有星君掌理，而且冠以動物的名稱和名諱。東方蒼龍七宿分別是角木蛟柏林、亢金龍李道通、氐土貉高丙、房日兔姚公伯、心日狐蘇元、尾火虎朱昭、箕水豹楊眞。

北方玄武七宿爲斗木豸楊信、牛金牛李泓、女土蝠鄭元、虛日鼠周寶、危月燕侯太乙、室火豬高震、壁水㺄方京清。

西方白虎七宿分別爲奎木狼李雄、婁金狗張雄、胃土雉宋庚、昴日雞黃倉、畢月烏金繩陽、觜火猴方貴、參水猿孫寶。

南方朱雀七宿爲井木犴沈庚、鬼金羊趙日高、柳土獐吳坤、星日馬呂能、張月鹿薛定、翼火蛇王蛟、軫水蚓胡道元。

以上就是二十八星宿神的名諱，其中有八人各封爲水火部正神，這二十八位是在商周之戰時，慘死於萬仙陣中的將領，後來姜子牙大封諸神，才被封爲二十八星宿星君。

二十八星宿原本是宇宙的星宿，因有《封神榜》這本書問世，後人才加以奉拜，二十八星宿神一般都配祀在天公廟，或者做爲天

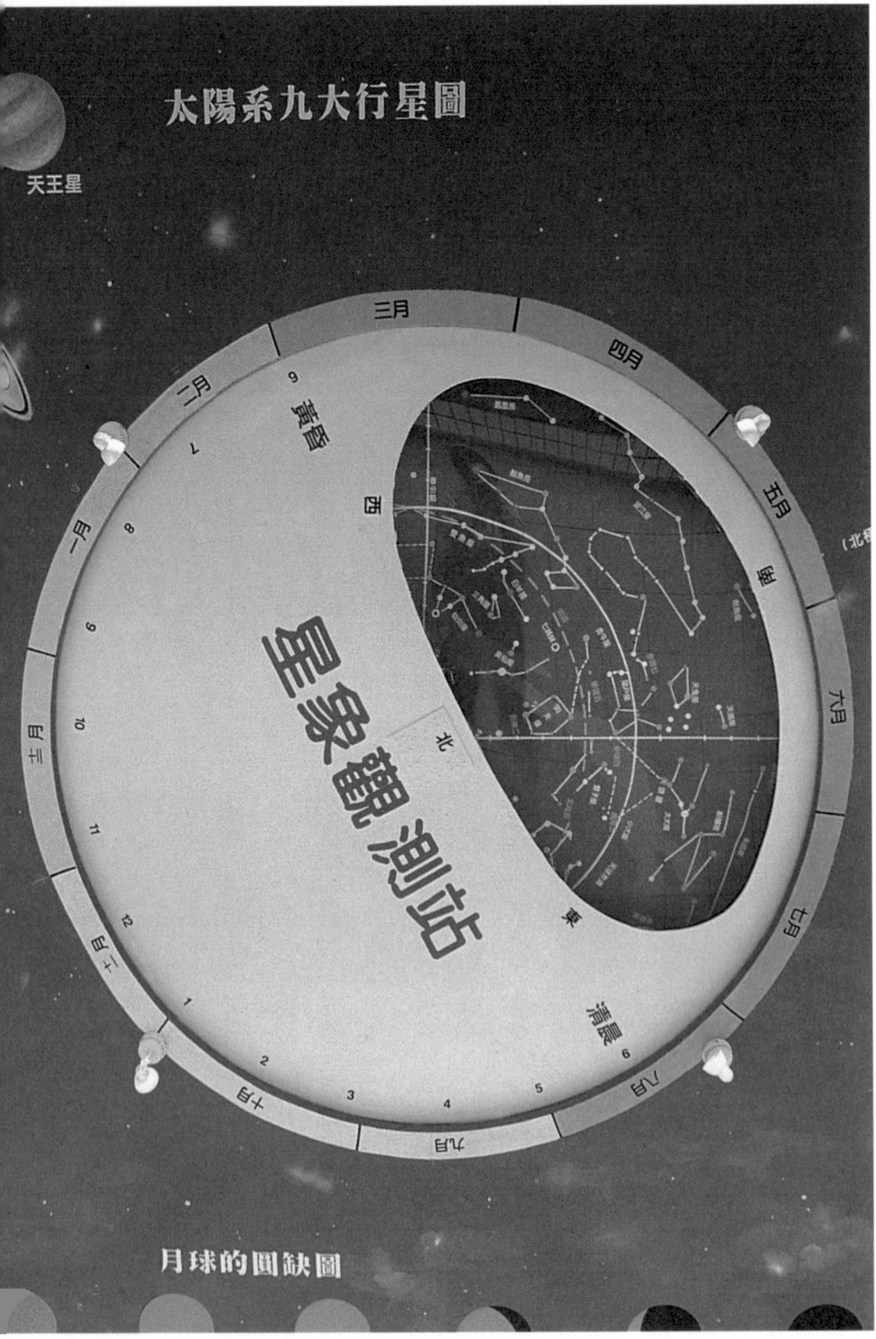
太陽系九大行星圖
天王星
三月
四月
五月
六月
七月
八月
九月
十月
十一月
十二月
一月
二月
黃昏
清晨
西
北
東
星象觀測站
月球的圓缺圖

公廟的門神。但後來較大型的民間廟宇，不管是王爺還是媽祖廟，也會在壁上雕繪二十八星宿神的圖象。

星宿與命理的關係

二十八星宿在民間廣爲流傳，相當受民間的星相學家所崇奉。其中包括算命、風水地理堪輿、行運、婚姻、創業以及喪葬等，與二十八星宿都有關係。根據星相學與方術之士的論斷，角星是主榮昌，房星是主財丁旺，尾星是主財丁喜，箕星主高張，斗星主財富，壁星是主日興隆，奎星是主禎祥，畢星是主豐收，張星主官貴，軫星主升官。以上是針對建屋來說，其他星宿則屬不吉之星。

如果以婚嫁來說，角星主多貴子，房星主福祿來，尾星主子孫旺，箕星主財糧至，斗星主喜重重，室星主永無憂，壁星主喜慶重，婁星主生賢子，胃星主家室和，畢星主壽緜緜，張星主和合福連緜，軫星主受皇封，其他的星宿則皆爲凶星。

這套理論在民間流傳甚久，也可以說是星宿的哲學。經過長期發展，對於解釋人間的吉凶禍福，已建構成一套相當完整細密的理論，然而人事的變遷是否能依據星宿的運行來推測，可能就是見仁見智的問題了！

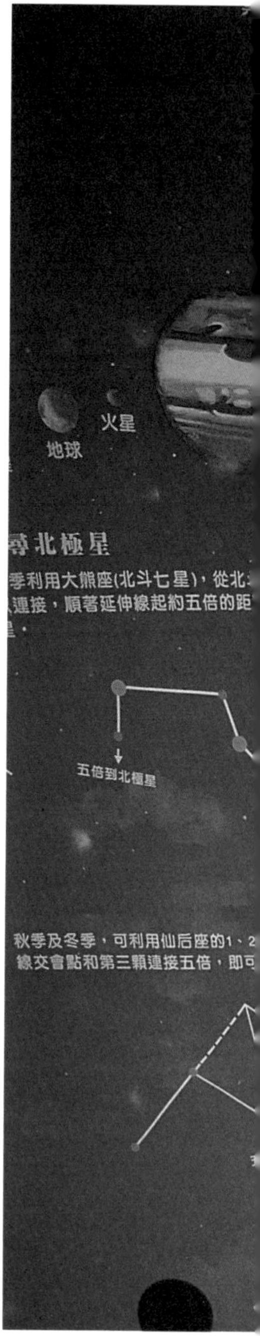

▶中國古代將周天的恆星分為三垣二十八宿，各有星君掌理。即使進入太空時代，人們仍然延續著星宿崇拜的傳說。

南斗註生北註死

——管理生死富貴的五斗星君

五斗星君是道教所敬奉的五位神祇，
爲世人對星宿崇拜而生的敬仰，
與人的生死禍福有關，
相傳北斗星君掌解厄延生，
而南斗星君掌延壽度人。

道教屬於多神論，也就是對於超自然力量的解釋傾向於多元化、分散化，大致將神明分爲天神與地祇兩大類，對自然的崇拜稱爲天神；有功於國家、有德於人民，或是忠孝節義之人在人間仙逝，後人感其德而建廟膜拜則稱爲地祇。

五斗星君

五斗星君是道教所敬奉的五位神明，源自於世人對星宿的崇拜。分爲北斗星君、南斗星君、東斗星君、西斗星君、中斗星君，五者各有各自管轄的星宮。

北斗有七宮，又稱爲七星或七元，主掌解厄延生，其七宮分別爲：天樞星，陽明貪狼星君；天璇星，陰精巨門星君；天璣星，眞人祿存星君；天權星，玄明文曲星君；玉衡星，丹元廉貞星君；開陽星，北極武曲星君；瑤光星，天沖破軍星君。雖名爲七星，然而北斗七星實爲九星，第八洞明星，外輔星君；第九隱元星，內弼星君。

南斗星君主掌延壽度人，其六宮爲天府星，司命星君；天相星，司祿星君；天梁星，延壽星君；天同星，益算星君；天樞星，度厄星君；天機星，上生星君。

東斗有五宮，主掌紀歲護命，第一宮爲蒼靈延生星君，其他爲陵延護命星君、開天集福星君、大明和陽星君、尾極總監星君。

西斗有四宮，主管紀命護身，第一宮爲白標星君，其他爲高元星君、皇靈星君、巨威星君。

中斗星君又稱大魁，主掌保命，轄下有三宮：赫靈度世星君、幹化上聖星君、沖和玉德星君。

《道藏》是綜合歷代的宗教、哲學、天文、地理、歷史、醫學、數學等的書籍，其中《太上老君說五斗金章受生經》言道：「天地有陰陽，各有五行正氣，各有五斗所管轄本命元辰十二相而註生。註生之時，各稟五行眞氣，眞氣混合結秀成胎，受胎十月周回十方，十方生氣包羅元始，杳杳冥冥，其中有精，恍恍惚惚，其中有物，視不得見，聽不得聞，五體具足，十相莊嚴，人之誕生也。……凡世人性命，皆由九天生氣，五斗星君本命元辰，主掌靈神，若復有人能知根本，但遇三元、五臘、本命生辰，北斗下日，嚴置壇場，隨力章醮供養。

甲、乙年出生之人命屬東斗，丙、丁年出生之人命屬南斗，戊、己年出生之人命屬中斗，庚、辛年出生之人命屬西斗，壬、癸年出生之人命屬北斗。

凡人出生，皆由五斗星君掌生死、貴賤、吉凶。若人在世，心崇大道，供養諸神仙佛，孝順父母六親，不嫉不妒，不貪不淫，齋戒作善，精修大道，則世世生生不失人身，富貴聰明人中殊勝，五體具足十相端嚴，五斗星君轄內之神護身，由死轉生，由貧轉富，除凶為吉。

若人在世，排擠大道，不敬諸神仙佛、聖賢之士，忤逆父母，遠離六親，多好淫殺貪嗔，則多沉地獄，永失人身。若早日改過，懺悔贖罪，虔誠禮拜五斗星君，叩頭乞請，始能得福添壽。」

根據此說，五斗星君掌管人類的一切禍福生死。

但是在天文學的記載裡並沒有東斗、西斗、中斗所轄的各個星宿，而一般史冊或民

間傳說往往只提起南斗與北斗，也就是南註生、北註死之說。

南斗與北斗

五斗星君中，最爲世人重視的就是北斗星君與南斗星君，根據《道藏》〈洞神部〉記載：「北斗落生，南斗上生。」

《太上說南斗六司延壽度人妙經》云：「太上老君在永壽元年正月十五日上元之辰，下降於成都太昊玉女修丹之所，說南北二斗星君之職。天陽地陰，相合而生日月兩曜，兩曜行度五緯周天，是謂七政，則七星九元北斗也。每以斗足隨月漸，分指二十四節氣、二十八舍，舍中有斗宿六星，即南斗六司延壽星君。」

北斗七政與南斗六司分職共理三才、六合、八卦、九宮，總轄中外百辟官品，爲紫微星、太微星、兩極星都曹。是以其轄域上達十二分次天神，下統十二分野地祇，舉凡四湖、五嶽、九州八紘、名山大川、城隍社神等，皆在北斗七政與南斗六司的管轄內。

北斗星君位在坎宮，降神於人，名之爲魄，主司陰府，宰御水源。南斗星君位在离宮，降神於人，名之爲魂，主司陽宮，宰御火帝。所以才有「南斗火宮除毒害，北斗水神滅兇災，一切所求皆稱遂，萬般滯悶悉通開」的說法。

前面有提到北斗七星實爲九星，七現二隱。天樞、天璇、天璣、天權、玉衡、開陽、瑤光爲七現，洞明、隱元爲二隱。七現星代表人體的眼、耳、鼻、口，即人之七竅；二隱星則代表尿道、肛門，人死則九竅皆開，魄歸地獄，魂飛九天，是以有北斗註死之說。

另一說法是，當北斗二隱星洞明、隱元在斗中光亮異常時，若虔誠禱拜，必能延年益

▶東南西北中五斗星君掌管人間的禍福生死。

壽。相傳，漢朝宰相霍光府中的典衣奴還車，就是因叩禱光亮異常的北斗二隱星而享壽六百年。

南斗是二十八星宿中的斗宿六星，也就是玄武七宿的第一宿，《詩經》〈大東〉：「維南有箕，維北有斗。」其中的「箕」就是指南斗。

南斗的位置與北斗相對，星經記載：「南斗六星，主天子壽命，亦云主宰相爵祿。」古人認爲南斗主壽命、主爵祿，所以南斗在星辰信仰中佔有相當重要的地位。

南斗星君又稱爲南極老人、南極大帝、南極仙翁。《史記封禪書索隱》：「壽星蓋南極老人星也，祀之以祈福壽。」

在《道藏》《搜神記》及〈太上說南斗六司延壽度人妙經〉中也記載著南斗星君轄南斗六司，主掌世人生年延壽，也就是「南斗註生北斗註死」。

關於星君的傳說

在《太上北斗二十八章經》中有一段關於北斗星君的故事。

相傳漢明帝出遊至終南山時，忽見一位女子身著素衣，披髮跣足，端坐石上不動。漢明帝大感好奇，就向女子問道：「朕爲天下兆民之主，卿是何人，見朕失儀？」女子回答：「吾乃昊天玉皇大帝之臣，掌籍北極七元之星君。」漢明帝聞言失色，稽首而拜，起身但見雲霧繚繞，霞彩擁身，瑞氣橫空，七聖在前，二官在後，女子續道：「北斗星君非一聖，乃七人也，二星官者，斗中註人間善惡，號爲左輔右弼。」漢明帝又問：「七星何名？」女子回答：「一名貪狼，二名巨門，三名祿存，四名文曲，五名廉貞，六名武曲，七名破軍。」說完瞬間騰空而上，漢明帝頂禮拜別。

▲北斗星君掌七現二隱之星，分別對應人體的九竅，有北斗註死之說。

▼南斗星君又稱南極仙翁、南極老人，主壽命爵祿，有南斗註生之說。

另一則關於北斗、南斗星君的傳說則發生在三國時期。當時魏國有一位著名相士名叫管輅，有一天看到十九歲的青年顏超面帶死氣，不忍他就此早夭，就指示顏超回家準備清酒、鹿脯，於卯日前往刈麥場南方，見二人在桑樹下對弈，則恭謹爲之酌酒置脯。並叮囑顏超若遇二人叩問，切記要敬拜不言。顏超依言前往，果見二位老人在樹下弈棋，顏超馬上置脯斟酒，兩位老人下棋入迷，見有酒脯，順手取用，數巡之後，北邊老者見顏超在側，即怒叱顏超何故在此，顏超敬拜不敢言。

南邊的老者見狀，尋思既然已食他酒脯，不可無情。兩人商量之後，北老就拿出簿籍查看，顏超僅能活至十九歲，於是南邊老者就取筆一挑，說道：「讓你活到九十歲。」顏超立即跪地叩拜，兩位老者卻已消失不見。顏超又驚又疑，急急忙忙跑去問管輅，管輅說道：「北坐者北斗也，南坐者南斗也，南斗註生，北斗註死。」相傳顏超活到九十歲。

因爲這段傳說，所以後來的民間信仰就一直相信南註生，北註死的說法。

根據道教經典的記載，自有天地以來，南北兩斗共同陶鑄萬品，生成萬物，註擬天人之爵秩，增減士庶之祿俸，延促年齡，去留災福，可謂生死大權皆由其掌握。

故凡人解厄延壽，皆應以至常之心，行恭敬之禮。大抵民間信仰所求福報，都應反求諸己，以至常之心禮敬星君，則心誠而寧定，面對各種意外的災禍，更能靜下心來妥善處理，則平安與延壽的希望，也就不難達成了。

▲農曆五月十五相傳是南極老人星出現的時刻，祀之可以祈求長壽。

三目四頭有八臂

——斗姆元君是衆星的母親

斗姆元君又稱作斗姥，
斗指北斗眾星，姆是老母之意。
相傳祂有九個兒子，
在道教裡稱爲九皇星君，
職掌世間生死與福善禍淫。

進入廟宇的太歲殿，除了一眼可見六十位太歲星君外，映入眼簾最爲醒目的就是擁坐在眾太歲星君之上，中央寶座之中一尊非常莊嚴奇特的神像。這尊神像額上有三隻眼睛，肩上四顆頭分別面向四方，正中兩手合什，其餘六臂分別執持日、月、寶鈴、金印、弓、戟等法器，總共有三目四頭八臂。此金尊就是斗姆元君，或稱爲紫金妙相元君、聖德巨光天后、圓明道姥天君。

斗姆元君在道教的地位非常崇高，是先天一炁之陰神，其轄下有太極天皇大帝、紫微大帝、北斗七星、南極長生大帝、純陽孚佑帝君、五斗星君、二十八星宿神、十二宮神星君、六十甲子太歲星君等，是宇宙眾星之母親。

斗姆元君的由來

斗姆又稱作斗姥，斗是指北斗眾星、姆就是老母的意思。《道書》〈太上玄靈斗姆大聖元君本命延生心經〉記載：「斗姥上靈光圓大天寶月，號曰：九靈妙中天梵炁斗姥元君，因沐浴於九曲池中，湧出白玉龜台、神獅寶座，斗姥登寶座之上，放無極光明。化生九苞金蓮，應現九皇道體，爲北斗眾星之母，綜領七元星君，功沾三界，德潤群生。」

根據《道書》的描寫，斗姥乃是北斗眾星的母親，也就是掌管北斗眾星的先天元始陰神，其形相象徵道體，斗姆元君稟一炁玄元之象，應無極生太極；持日月兩輪，應陰陽象太極；四頭磊落，應四象；八臂垂雄，應八卦；有天皇大帝、紫微大帝襄佐。

斗姆元君的傳說故事

除了《道書》〈太上玄靈斗姆大聖元君本命延生心經〉記載斗姆是眾北斗星的母親之外，另外《斗姆元尊先天一炁九皇眞經》中也記載著斗姆元君由星宿應化出世的由來。

相傳，在遙遠的龍漢年間，有一個聖德無邊的國王名叫周御王，他的愛妃紫光夫人，明哲慈慧。夫人發下大願，要爲周御王生下幾位聖子以輔佐乾坤。有一年春天百花齊放，紫光夫人在御花園遊賞，到金蓮花溫玉池沐浴時，忽有所感，不久就生下九個兒子。老大是天皇大帝，老二是紫微大帝，其他七位分別是貪狼、巨門、祿存、文曲、廉貞、武曲、破軍七星，此七星也就是爲人所熟知的北斗七星。

斗姆元君所生的九位兒子被尊稱爲九皇星君，其職務是司掌人間的註生延生及福善禍淫。世間眾生均屬斗宮，人們信仰斗姆元君起自於古人對星宿的崇拜，而斗姆元君既爲眾星之母，又是太歲星君六十甲子神，也是星宿神之一，所以廟宇的太歲殿除了奉祀太歲星君以外，還必須恭請斗姆元君高坐主位，以表敬意。兩旁有左輔右弼二星君，也稱爲「咬牙切齒」，因爲兩位星君的造型咬牙切齒，揮舞多臂，威武逼人。

由自然崇拜衍生出斗姆元君的信仰，正是先民愛惜生命、敬畏天地等觀念的反映，而所謂眾星之母的說法和崇高的神格與位階，也彰顯了孝道在漢人社會的重要性。宗教信仰是人間社會的延伸，透過研究各種信仰的產生與沿革，能讓我們更深入理解自己所生存的世界，從而能夠更理智、更沈著，對未來的吉凶禍福負責。

▲每年農曆九月初一至初九的九皇齋戒法會，是為斗姆元君之九子－九皇而舉行的齋戒儀式。齋戒期間朝夕拜斗姆元君、誦斗姆經。

▲斗姆元君三目四頭，正中兩手合什，其餘六臂分執日、月、弓、、寶鈴、金印等法器。

斧劈桃山除妖魔

——關於二郎神的傳說

二郎神又稱二郎尊神、亞爺及清源妙道眞君，趙煜、李冰父子、楊戩皆被傳爲二郎神，台灣所奉二郎神大多以楊戩爲主，而趙煜、李冰父子於中國四川一帶受供奉，楊戩之法力、尊容在《西遊記》中有深刻記載。

在台灣民間信仰中，有一位在小說、戲曲中大出鋒頭、廣受歡迎的三眼英挺神明——二郎神，關於祂的身分與傳說雖然有很多種說法，但在絕大多數信眾眼中，二郎神所代表的武藝高強、爲民除害的正義化身，則是百代皆同的。

二郎神傳說

二郎神，又稱二郎尊神、亞爺、清源妙道眞君。根據《封神榜》、《西遊記》、《搜神大全》等文獻資料的記載，關於二郎神的來由有三種不同說法。

▲二郎神楊戩「儀容清俊貌堂堂，兩耳垂肩目有光」。

在《搜神大全》及《常熟縣志》中，二郎神原本是隋代的趙煜，秉性正直，嫉惡如仇，自幼嚮往修道悟性，曾跟隨道士李珏入青城山修道。隋煬帝耳聞趙煜出眾的品行、操守及才華，就召他入宮，封賜趙煜爲嘉州太守，治理冷、源兩河。

原來冷、源兩河之所以需要治理，就是因爲每逢春夏時節，河裡的老蛟就會興風作浪，將往來船隻翻覆吞沒，殘害生靈無數。

趙煜得知此事後，大發雷霆，隨即率領部下、壯士、居民來到岸邊，命令眾人夾江鼓噪，他則單獨提刀跳入河中。須臾河水翻滾，奔騰如雷，經過一刻鐘的時間，只見水面一片殷紅，趙煜右手持刀，左手提著老蛟的首級浮出水面。眾人歡聲雷動，深深感激這位猛勇如神的趙太守，認爲他既能斬蛟，必定是爲了拯救蒼生而下凡的天神。

趙煜任太守期間，不但爲民除害，而且治

民有方，深得嘉州百姓的尊敬與愛戴。然而隋代末期政綱腐敗，趙煜看清了隋煬帝的荒縱無道，於是棄官退隱江湖，不知所蹤。後來嘉州百姓屢屢在河邊看見一位騎著白馬的壯士，在雲霧中凌空過河，大家於是口耳相傳，認爲必定是斬蛟大英雄趙煜。趙煜顯靈的事迹漸漸傳開，嘉州百姓也因此在灌縣的灌口興建廟宇奉祀，尊稱趙煜爲「灌口二郎神」。

本來奉祀二郎神趙煜的只有中國四川一帶居民，但是從隋代到宋代，由於二郎神的庇護，救了非常多人，於是此信仰就拓展到全中國。宋代時，宋眞宗敕封趙煜爲「清源妙道眞君」，以六月廿四日爲其聖誕。相傳在這一天入廟祀典祝壽，一定要用白公雞，而患有癱疸皮膚病的人，只要虔誠祈禱就必能痊癒。

另一個二郎神的傳說則是關於漢代的水利專家李冰。李冰是歷史上的治水英雄，四川能被稱爲天府之國可以說都是他的功勞。

中國四川成都在未治水前，曾是旱澇無常的水鄉澤國，史書記載：「蜀守李冰鑿離堆，辟沫水之害，穿二江成都之中，此渠皆可行舟，有餘供灌溉，百姓享其利。」這位

◀台灣民間信仰中，八家將是最常見的主神部將，任務是驅魔逐煞、緝拿罪犯。

治理水患的李冰過世之後，蜀人便心存感激而建廟供奉。

依宋代《朱子語錄》記載，蜀中灌口的二郎神廟，原來是因爲李冰開鑿離堆有功而立廟，但後來卻出現許多靈怪，謠傳是李冰的二兒子所爲。也因爲這個記載，李冰與祂的二兒子就一起被稱爲二郎神君或李星君。

三隻眼睛的楊戩

在台灣所奉敬的二郎神主要是《封神榜》、《西遊記》以及傳統戲曲〈寶蓮燈〉、〈劈山救母〉等故事中的三目楊戩。

根據《封神榜》描述，楊戩是玉泉山金霞洞玉鼎眞人的門徒。眞人傳授楊戩九轉玄功、靈通七十二變化，後來又獲得一口三尖兩刃刀與黃袍，又有形如白象的哮天犬輔佐，武功高強乎無人能擋。

商紂王暴虐無道，楊戩學成之後奉師命下山助姜子牙輔佐周武王。楊戩誅殺四大天王中的魔禮壽花狐貂，與哪吒合力收伏七怪，最後又以天眼對抗聞太師的地眼使其亡於絕龍嶺，立下不少的功勞。

商紂滅亡後，周武王封官晉爵，楊戩直言道：「吾原係山谷野人，奉師命下山，克襄劫運，勘定禍亂，今已太平，臣應理宜歸山以覆師父，凡紅塵富貴，功名爵祿，非吾所願也。」言畢即回山覆命。後來楊戩與哪吒、李靖、金吒、木吒、韋護、雷震子等七人一同肉身成聖，被封爲「清源妙道眞君」。

至於二郎神楊戩爲何會有三隻眼睛？到目前爲止還沒有確切的資料記載。有人認爲祂誕生時就有三隻眼睛，也有人說是因爲練了九轉玄功而長出第三隻眼睛。

依《西遊記》的記載，楊戩本爲玉皇大帝的外甥，是玉帝小妹思凡下降人間所生的男孩。相傳，孫悟空大鬧天庭時，眾神束手無策，觀世音菩薩就啓奏玉皇大帝道：「陛下寬心，貧僧推舉一神，定可擒住潑猴孫悟空。」玉帝問：「所舉者何神？」觀世音菩薩說：「乃陛下之甥，顯聖二郎眞君，現居灌州灌江口，享受凡塵香火。祂昔日曾力誅六怪，又有梅山兄弟與帳前一千二百草頭神，神通廣大，奈何只是聽調不聽宣。」玉帝聞言，就派調二郎眞君回天庭大戰孫悟空。孫悟空被困五指山之後，二郎神又被封爲昭惠顯聖王。

二郎神楊戩的描述

二郎神的面貌尊容在《西遊記》中有詩爲證：

儀容清俊貌堂堂，兩耳垂肩目有光；
頭戴三山飛鳳帽，身穿一領淡鵝黃；
縷金靴襯盤龍襪，玉帶團花八寶粧；
腰跨彈弓新月樣，手執三尖兩刃槍。
斧劈桃山曾救母，彈打梭羅雙鳳凰；
力誅八怪聲名遠，義結梅花七聖行；
心高不認天家眷，性傲歸神住灌江；
赤忱昭惠英靈聖，顯化無邊號二郎。

以上詩句所說的楊戩乃是一位俊美英挺，武藝道法樣樣精通的美男子。

台灣所奉祀的二郎神，大部份是《封神榜》中的楊戩仙師，多爲配神，廟宇在台中市的九天宮和彰化縣埤頭鄉的救世宮。

民眾相信楊戩神通廣大，能洞察世事，因而往往將二郎神視爲問事解厄之神。二郎神既能扶危解困，又與民眾十分親近，再加上奇特的造型和傳說中非凡的表現，也就更讓人印象深刻了！

致廣大而極精微

——理學大家朱文公

朱文公就是宋代大學士朱熹，他一生致力於窮理致知之學，是最重要的理學大師之一，其思想不僅對於漢人影響深遠，更遍及日、韓，輝煌的學術成就使他被列爲孔廟十聖哲的第二位，在台灣還有專祠奉祀。

在台灣民間信仰中被視爲文化神的朱文公，其實就是宋代理學大家——朱熹被神格化後的化身，民間對祂的稱呼很多，如先賢朱子、朱夫子、朱子公、紫陽夫子、朱衣星君等等都是。朱熹集宋代理學大成，在哲學思想史上佔有舉足輕重的地位，儘管他屢次上書朝廷，試圖說服皇帝棄絕佛門道教過於虛無的思想，力倡格物致知、窮理究本的學問，然而也正因爲朱熹對於宇宙眞理的一貫堅持，終究讓他承受了太多世人敬愛崇拜的眼神，百年後不得不修成正果，端坐於宗廟之中，供後人焚香禱祝，頂禮膜拜。

▲「磬」是祭孔大典中才用得到的樂器。

朱熹的生平

朱熹，字元晦，後改字仲晦，別號晦菴、晦翁、遯翁、雲谷老人、滄州遁叟等，是南宋時期有名的哲學家與教育家。祖籍徽州婺源縣。生於宋高宗建炎四年（一一三〇年）福建南劍州龍溪縣城外鄭氏館舍。

朱熹自幼聰穎過人，四歲時，父親指天對他說：「這是天。」，朱熹便問：「天的上面是什麼？」令父親大爲驚異。八歲時誦讀《孝經》，就在書上寫道：「如果沒照《孝經》做人，就不能算是人。」十四歲時父親去世，從此家境艱苦，朱熹於是遵照父親的遺言，前去投靠父親的朋友劉子羽。劉子羽視他如同子侄，並且將女兒許配給他。

宋高宗紹興十八年（一一四八年），朱熹高中進士，此後歷高宗、孝宗、光宗、寧宗四朝，先後任煥章閣待制、秘閣修撰等職，宋寧宗六年逝世，享年七十一歲。於宋寶慶三年贈太師，追封爲信國公，紹定年間改封徽國公，淳祐元年列孔廟從祀，明洪武初年

▲文化神朱文公又稱為朱衣星君、朱夫子等等，其實就是宋代理學大師朱熹。

被尊爲先儒，至清康熙年間被升爲孔廟十聖哲中的第二位。

朱熹理學論點及其影響

朱熹所以能名重一時並影響後人，並不在於他在政治上的建樹，而是在於他對理學所進行的分析與研究，從而建立起一個完整的理論體系。

理是宇宙的最高本體，萬物產生的根本，朱熹的哲學基石是理氣說，理爲形而上之道，氣爲形而下之器，其治經多以闡釋義理，兼談性命爲主，從而形成了一種獨特的理論。

理在產生氣之後，便作爲氣的本體存在於氣之中，人是理與氣的結合，人所稟賦的天理，產生天命之性，就是道心；而所稟賦的氣質，則產生氣質之性，也就是人心或人欲。朱熹認爲氣質之性是一切罪惡的根源，他主張「存天理去人欲」，以道心主宰人心。

朱熹的學說可說是「致廣大、極精微、綜羅百代」，所謂廣大是指朱熹的研究涉及經學、理學、佛學、道學、史學、文學、樂律，教育與自然科學等；精微就是指朱熹對各種自然與社會現象的觀察更加仔細，研究更加深入，由此朱熹成爲一個承先啓後、綜羅百代的大學者。

他的學術思想，不但在中國深受重視，在世界文化史上也有重要的影響。在韓國、日本被稱爲朱子學，日本德川幕府三百年期間，朱子學在學術界一直佔據著主流地位。

朱熹生前投身於教育活動，前後長達四十多年，門下弟子有四百六十七人，私塾弟子二十一人，而慕名前來求教的則數以千計。著作等身，有《四書集注》、《四書或問》、《太極圖解說》、《通書解》、《西銘解》、

社福德宮
金香隨意
福德宮
11月25日星期四
(公籤中)
三才副獎894
二才89
福德宮
12月7日星期二
公籤中
二才24、4994
福德宮
12月9日星期四
公籤再中
港号12-28
福德宮
12月16日
(星期四)
公籤中
二才48
港号17-28

《周易本義》、《易學啓蒙》、《楚辭集注》、《詩集傳》、《朱子大全》、《朱子語類》、《書集傳》、《韓文考異》、《資治通鑑綱目》、《八朝名臣言行錄》等等。

文化神朱文公

在民間信仰中，升格爲神的朱熹有許多稱謂，如朱文公、朱夫子、朱衣星君、紫陽夫子、文昌朱衣公等等。其中紫陽夫子之稱，源自於朱熹之父朱松曾經在安徽歙縣的紫陽讀過書，朱熹爲了不忘其祖，而題所居廳室爲紫陽書室，故後人稱之爲紫陽夫子。

朱文公在民間信仰中被奉爲讀書人之神，與文衡帝君、孚佑帝君、文昌帝君、魁斗星君，合稱爲五文昌。農曆九月十五日爲其聖誕千秋。

台灣最早的朱文公廟爲清康熙五十年（一七一一年）台廈道陳濱於台南市所創建的，各地文昌祠或文廟也都有配祀，只是香火甚微。獨獨一九七〇年初創，建於嘉義市北港路上的朱文公廟卻越蓋越堂皇，大家樂風行時，每個月至少有十天都在上演酬神歌舞表演。原來拜大家樂之賜，朱文公出的明牌就貼在廟內的牆壁上，每出必中，靈驗無比。大家樂停止之後，朱文公同樣爲六合彩迷服務，卻屢屢出牌不準，彩迷也就不肯再來祭拜，香火一落千丈，熱鬧的場面已經不復可見了。

撇開台灣民間信仰中神明爲續香火、信眾爲求私利的曖昧酬庸關係不談，宋代文人辛棄疾曾爲朱熹寫下「歷數唐堯千載下，如公僅有二三人」的讚辭，可此可知，讀書人認爲朱熹重建理學體系與提倡理學教育的貢獻，是可以與堯舜以來歷代聖賢相提並論的，而這也是祂能夠配祀於文廟，受代代文化人崇敬的最主要原因吧！

▶大家樂、六合彩風行時，許多廟宇的神明都會出明牌指引信衆的錢途。

義犬感動人與天

——石門海濱的十八王公廟

座落於台北縣石門鄉海濱的十八王公廟，奉祀十七位人格神與一尊義犬公。義犬見主受難而殉身，民間爲表彰其忠烈而建廟紀念，後來香火鼎盛，有求必應。

石門十八王公廟，可說是全台灣香火最爲旺盛的一間義犬廟，座落於台北縣石門鄉的乾華村，自清代至二十世紀末期已逾二、三百年的歷史，所奉祀的是十七位遭遇船難而不幸喪生的人格神與一尊不願離開主人獨活的義犬公。

十八王公的由來

相傳清乾隆年間（十八世紀中末期），有一艘大帆船在海上行駛時，突遇狂風暴雨，船隻不堪風雨摧殘而全毀，船上十七人及一隻家犬全數罹難。屍體漂流到石門鄉乾華村

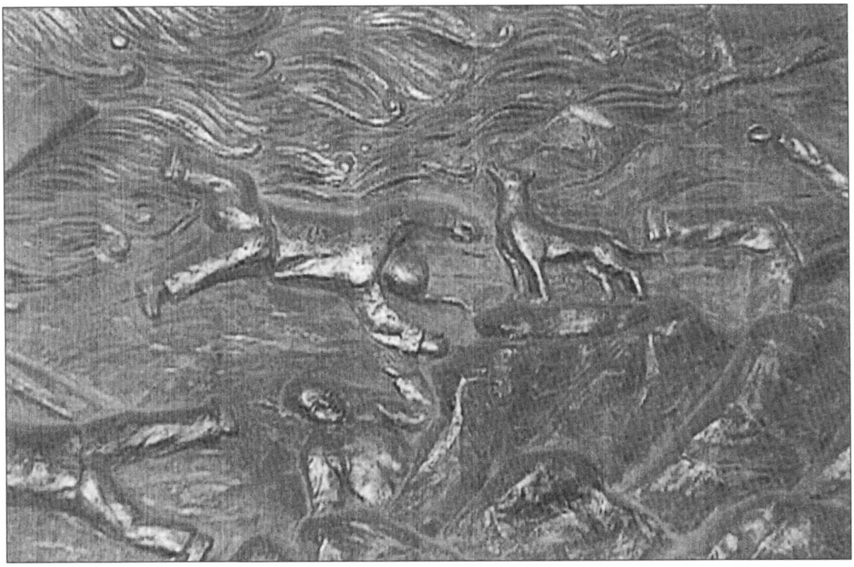

▲描述十八王公遇難，義犬忠義動天的浮雕。

沿岸，被鄰近村民一同安葬，名之為十八王公。

另外一說則是一艘往來於中國與台灣的商船，因遭遇颱風，漂流到石門鄉乾華村沿海附近一帶，船上的十七個人都不幸氣絕身亡，但奇怪的是，卻有一隻狗緊緊跟隨守護著他們的屍體。村人不忍屍骨暴於荒野，就在當地準備挖坑埋葬，正當村人將屍體推落土坑之時，守護主人的義犬也跳入坑中，不管村民如何叫喚，義犬始終沒有回應，也不願離開主人的身旁。當地村民目睹此景深受感動，甘冒殺生之罪，將義犬與這十七位遇難者一同埋葬，稱為十八王公，農曆九月十五為其祭日。

十八王公廟的傳說

十八王公的墳墓是龜形小塚，位在淡金公路邊，背山面海，兩百多年來，乾華村一帶

十八王公之神犬

居民每逢年節必前往祭拜，祈求保佑全家平安。由於十八王公有求必應的事迹傳遍南北鄉鎮，所以各地善男信女聞訊前來參拜的人數也逐年增加，甚至還分靈到高雄、屏東兩地。

一九六二年時，眾多虔誠信奉十八王公的善信大德捐獻金錢，大家有錢出錢，有力出力，在墳墓上興建了一間小拜亭，供各方善信前來膜拜，從此以後，石門十八王公神威大展，靈感無比，信徒遍佈全台灣，成爲台灣最有名的一間義犬廟。

一九七一年，台灣電力公司選定乾華村一帶設立核能發電場，拆除十八王公的拜亭。據說十八王公就在夜裡託夢給管理委員，要求重建拜亭，委員與台電談判之後，於一九七五年另建一座新的拜亭。托夢重建拜亭之事傳開之後，十八王公的香火就更加興旺了。

▶台北石門十八王公廟的義犬將軍，為人與狗之間的跨種情誼下了一個動人的註解。

▲有求必應的顯應十八王公，已成全台最為著名的廟宇之一。

驅邪除妖抗疫癘

——鄉土神馬府千歲保鄉佑民

馬鎮宮主神與台灣其他王爺、千歲不同，是由灣里居民從雲林四湖恭請至台南灣里的鄉土神，一八九三年，因灣里天降疫癘、邪魔作亂，在馬府千歲威靈之下，瘟疫驅散，神人共喜，鄉人爲感念神恩而設壇參拜。

台灣民俗信仰中的王爺、千歲大部份都屬於瘟神系統，多半是先人從中國渡海來台時奉請的金尊，隨先民定居而立廟供奉。

但台南灣里馬鎮宮的主神卻是個例外，屬於台灣的鄉土神。

根據馬鎮宮的沿革記載，馬鎮宮的主神本是白府千歲，在一八九三年由曹姓弟子從雲林縣四湖鄉廣溝厝恭請到台南灣里。

當時的灣里，天降疫癘，百姓遭殃，也有一說是邪魔鬼靈作怪，地方無法平靜，而白府千歲神力有限，就指示弟子回雲林縣四湖鄉供請馬府千歲、天上聖母前來協助平定。

馬府千歲與天上聖母神駕來到台南灣里後，就大振神威，驅邪除妖，地方旋即綏靖。

另外一說指灣里遭受瘟疫，白府千歲聘請馬府千歲、天上聖母、關聖帝君、大聖爺、太子元帥等協力相助。在眾神的威靈之下，不久即驅散瘟疫，灣里的居民也一一康復，由髒亂的村邑變成充滿朝氣的村庄。

灣里眾村民爲感念神恩，就設壇朝夕焚香參拜。而馬府千歲與天上聖母見此地鍾靈毓秀，不忍回駕，遂指示眾村民要在此駐鎮，行醫濟世，救渡眾生。

眾人不勝感激，就以擲筊來決定值年爐主，馬府千歲與眾神就在爐主家中供奉，每年輪流奉祀，供村民祈禱祭拜。

▲馬府千歲屬鄉土神，和一般王爺的瘟神信仰不同。

在台空等待回朝

——寧靖王力抗清軍以悲劇終場

寧靖王朱術桂，爲明太祖第九世孫，明代滅亡後，不願降服於異族，有感被擒必受凌辱，因此自縊室中，五位姬妾從死自殺，合葬於桂子山，清政府爲表彰義氣貞潔而建塚留念。

明末清初的台灣，除了鄭成功這位力抗清廷的英雄外，另一位具備明朝皇室血統的寧靖王朱術桂，其秉持氣節而絕不妥協的情操，雖然最終仍以悲劇收場，但在不以成敗論英雄的台灣民間信仰中，還是將他視爲值得尊崇的神明而奉祀著。

寧靖王力抗清軍

寧靖王俗名爲朱術桂，字天球，號一元子，他在明萬曆四十五年（一六一七年）九月二十五日，誕生於荊州（近代行政區域屬中國湖北省）的長陽王府。

▲寧靖王朱術桂為明太祖第九世孫。

朱術桂自幼即依照皇族傳統，接受各項訓練與教育，秉賦聰明，狀貌魁偉，允文允武。十歲時就受封爲輔國將軍，明崇禎十七年（一六四四年）晉封爲寧靖王，是一位志性高潔之人。

在寧靖王朱術桂二十七歲時，流寇李自成起兵造反，不久攻陷北京，崇禎皇帝在煤山自縊，福王即在南京即位，寧靖王奉命率兵鎮守海防，從事抗清軍事行動。

當時明室江山已經落入清人之手，寧靖王率軍與清兵在浙江、福建以及兩廣一帶交戰，但終究不敵，最後就與國姓爺鄭成功一起退守廈門、金門等地，商議抗清大業。

一直到明永曆十五年（一六六一年），鄭成功認爲廈門不可久留，必須要另尋基地重整旗鼓，以圖長遠之計。於是就登陸台灣，趕走駐紮的荷蘭人，以台灣做爲復興明室的基地。

但寧靖王朱術桂卻堅持留守在金門，不與鄭成功渡海來台。到了明永曆十六（一六六二年）年五月，鄭成功在台南積勞成疾而逝世，同年十一月，與寧靖王一同駐守金門的魯王也因病過世。

寧靖王同時失去兩位力抗清軍的盟友，悲慟萬分，無奈之下只好放棄金門，率領將士移居台灣。到了台灣之後，就在萬年縣竹汾莊（後來的路竹、湖內沿海一帶）開墾荒地，靜候助明抗清之願望實現。

清康熙二十二年（一六八三年）六月，清朝水師提督施琅率清軍攻打台灣，其時鄭成功之孫鄭克塽繼承大權，由主將劉國軒出軍迎戰施琅於澎湖，結果鄭軍大敗而降清。

消息傳來，寧靖王心知興復明室已經無望，而清軍攻來，自己必定被擒受辱。自從流賊攻陷荊州，攜家南下，甲申避亂，遠潛外地四十餘載，寧靖王此時已是六旬老翁

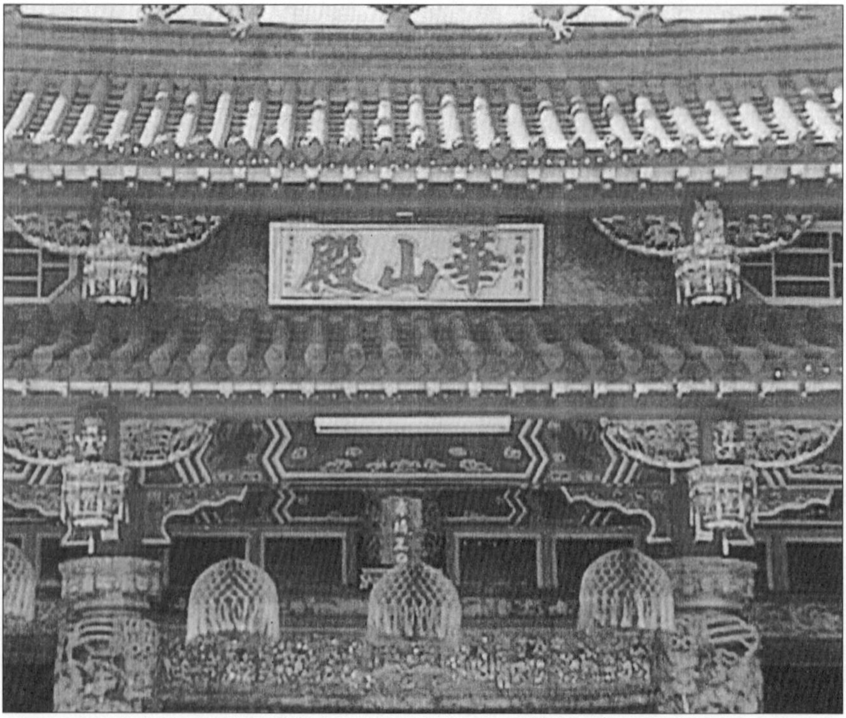

了，萬念俱灰中題下詩句：「艱辛避海外，總爲幾莖髮，於今事畢矣，不復采微微。」留下這二十字之後，就自縊於室中，享年六十六歲。

寧靖王華山殿

寧靖王逝世之後，部下就在路竹鄉湖內庄隆重埋葬他的遺體，唯恐盜墓者偷挖墓內的珠寶，又興建百餘座假墓，使盜賊無從辦別眞僞。

傳聞寧靖王棺木四角放了四塊黃金，另外還有明代的各種寶物陪葬，至二十世紀末，已經經過幾百年，世人仍不知道哪一個墓才是寧靖王的墓。

寧靖王過世後，附近居民就在寧靖王住宅旁興建宮廟敬奉，命廟名爲「華山殿」。相傳寧靖王時常顯靈渡人，路竹鄉湖內庄的村民對祂恭敬萬分，香火日日旺盛。

▶寧靖王華山殿座落在高雄縣路竹鄉湖內庄。

▲大鵬灣的夕照，一如寧靖王無力回天的蒼涼。

▲台南大天后宮本是寧靖王的郡王府邸。

台南大天后宮

台南大天后宮本是寧靖王的郡王府邸，高雄縣路竹鄉湖內庄則是他的別館。

鄭成功逝世，其子鄭經繼承父志，掌管當時在台灣的鄭軍，寧靖王來台，鄭經爲了表示禮遇，就在明永曆十八年（一六六四年），爲寧靖王在台江內海岸邊的高灘地建造一座宏偉的王府。

相傳施琅進攻台灣時，媽祖娘娘在夜中曾托夢指示進攻之策，爲了感謝媽祖顯靈助戰，施琅就將寧靖王府改建爲媽祖廟，並奏請康熙皇帝賜廟名爲大天后宮，以叩謝媽祖神恩。

五妃廟由來

五妃廟座落在台南市南區五妃街一號，奉祀的是寧靖王的五位姬妾，袁氏、王氏、秀姑、梅姐、荷姐。

根據台灣舊習俗信仰以及五妃廟沿革記載，當清軍水師提督施琅在康熙二十三年（一六八四年）六月攻陷澎湖、鄭軍敗北時，寧靖王毅然殉國，臨終前對五妃說道：「我大限已至，爾等可各奔前程。」

袁氏與蔡氏同請曰：「妾等事殿下有年，殿下既毅然盡忠，妾雖婦人，頗知大義，亦願盡節，相隨王爺，豈念失志乎？」荷姑、梅姐、秀姑亦不肯再事他人。五妃於是在寧靖王府自縊而亡，死後合葬在桂子山。

清政府爲表彰五妃的貞潔，在乾隆四十年（一七七五年）命台灣海防同知方邦基修建墓塚，豎立墓碑，上題「明寧靖王從死五妃墓」，並在墓前建廟，命廟名爲五妃廟。

在五妃廟的右側有一小祠名爲義靈君祠，是寧靖王的二位太監在寧靖王過世之後，也自縊殉主，因其忠烈之心，世人也立祠崇

▲自縊殉節的五妃各為袁氏、蔡氏、荷姑、梅姐、秀姑。

▼清廷為表彰五妃的貞節，建廟名塚，命廟名為五妃廟。

玉皇上帝

祀。

每年的農曆九月二十五日是華山殿主神寧靖王的聖誕千秋。而正月十六、六月廿二、六月廿五、八月十五日這四天則爲五妃的祭日。

儘管封建帝制對生活在所謂民主台灣的現代人來說，早已是個天高皇帝遠的歷史陳跡，但是在遍及全台的民間信仰中，各色各樣的人格神得道成仙的故事裡，仍然保存了大量教忠教孝、崇節尚義等農業封建社會所矢志不移的傳統價值。

鄭成功的助明抗清，寧靖王的苦待回朝，乃至於五妃淚灑王府的自縊殉節，其實都反映了特定時代所欲彰顯的主流道德判準。

以現代社會所普遍肯定的人權、民主等角度來看，祂們偉大的忠烈傳說固然存在著相當多的盲點，但也正因爲民間信仰包羅萬象的包容力，這些千百年前政治正確的傑出人物才得以跨越時代思潮的鴻溝，在裊裊香煙中延續祂們不朽的傳說，供後人景仰、省思，以及無止無盡地進行對話。

▶民間信仰做為社會現實的一種投射反映，保存了大量封建社會所矢志不移的傳統價值。神格愈高的神明非「帝」即「皇」，圖為玉皇上帝的祭儀。

台灣民間信仰總會　歡迎關心台灣民間信仰的朋友共同參加!!

本會的主要任務與目標：

一、台灣地區的民間信仰的研究、保存與發揚。
二、排除迷信，駁斥似是而非的宗教信仰謬論，建構台灣地區的人文環境、寺廟文化、民間信仰價值與正確理念之倡導與保存。
三、支援贊助寺廟及宗教團體建構自主性文化，讓民間信仰在常民社會萌芽，發展。
四、定期舉辦國內外各大寺廟與民間信仰團體之互動聯誼活動，以增加寺廟之正當交流與民間信仰之相互學習與體驗管道。
五、在各縣市成立分會，推動民間信仰研究的風氣，進行寺廟、信仰、風俗、歲時節俗的調查、研究與推廣工作。
六、接受各公民營機關之委託，進行各種專案之研究或者活動之舉辦。
七、台灣地區的民俗與民間信仰議題之研議、討論及推動。
八、其他符合本會宗旨之事項。

本會各委員會功能與執掌簡介：

一、發展委員會：負責本會短、中、長期之發展與走向規劃，並且擬定具備目標，協調各委員會全面配合，結合所有的資源，讓本會擁有良好的永續經營基礎。
二、組織委員會：負責團體及個人會員招募，並且致力於各會員間之橫向聯繫，讓所有的會員，都能對本會常保向心力，以充實本會長期發展之後盾。
三、文宣委員會：負責本會及團體會員各項活動之舉辦策畫，文宣之推廣，對外宣傳刊物、書籍之編輯、出版及發行工作。以提高本會之知名度，讓所有的會員，都會因參與本會而感到與有榮焉。
四、學術委員會：負責民間信仰之研究，各團體會員之歷史沿革與神明由來之調查，同時負責名間

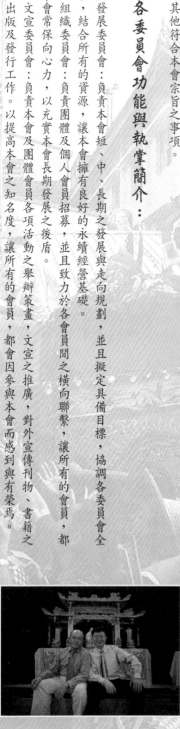

廣並且負責培訓解說員，以廣宣揚民間信仰與寺廟文化。

六、學生委員會：大學生是本會未來發展之生力軍，透過學生會員之招募與培訓，一方面可補發展與組織委員會之不同，同時更可協助學生成立學校社團，讓民間信仰的正信觀念，在學校中萌芽。

七、志工委員會：負責志工之組織，培訓以及志願服務工作的爭取，志工之調度支援…等工作。

八、管理委員會：負責本會及道壇之日常及特殊慶典、法會秩序管理及人事任命與調派工作。

九、總務委員會：負責本會工作人員日常飲食及所有器物使用，採購與整理、保存工作。

十、財務委員會：負責本會所有財物之籌措、分配及使用工作。

十一、經文研究委員會：負責研究、註解、說明國內通行之道、佛教經典，同時組成誦經班，培訓各類人才，宣揚正確之經文觀念，並且至各團體會員之寺廟誦經，做爲推廣本會理念的重要方式。

十二、生活藝術委員會：結合社區及婦女，推廣生活藝術，開辦各種居家生活與環境美化之研習課程，讓寺廟、信仰與生活，做更緊密的結合，以爭取更多家庭的認同。

十三、社團活動委員會：負責集合廣大之信徒，共同籌組各種進修性、服務性之社團，如插花班、書法班、美容班、舞蹈班…等，並協助推動各社團之運作及活動。

十四、民間戲曲委員會：負責推動民間戲曲之傳承與發揚以及新進人才之培訓工作，並協助團體會員選聘傑出之民間演藝單位，到各寺廟慶典場合中演出。

十五、寺廟藝術委員會：負責推動台灣寺廟藝術之新建及重建工作，並且推薦優良藝師，協助全國各地寺廟，協助進行各項寺廟藝術之新建或整修工作。

十六、神像藝術委員會：研究、整理、創作台灣之神像藝術，讓受人敬仰的神像同時也能發揮極大的藝術價值與功能，同時推薦優良藝師，替信眾或寺廟，雕刻最具宗教美學的神像與佛像。

十七、命相風水委員會：儘管命相和風水，一直被斥爲迷信，但多數人仍深信不疑，因此特別針對國內大多數人們的需求，設置這個委員會，主要是爲揭開命相風水的神秘面紗，並且爲各種需求的善男信女免費服務。

十八、科儀法事委員會：研究、整理道教及民間信仰之科儀法事，並且每年定期主辦各種法會，祈求國泰民安，並爲善信解決各種問題，讓每個國民，都能因爲獲得信仰，而活的更舒適自在。

台灣民間信仰總會申請入會需備份證件

1.身份證影印本每人乙份。
2.個人會員一吋照片每人各兩張，團體會員負責人照片三張。
3.道堂(宮)四方印及負責人私章。
4.道堂(宮)正殿照片乙張。

§ 申請入會新會員各項應繳費一覽表 §

會員別	類別	入會費	常年會費	備註
團體會員	大廟	5000元	3000元	
	小廟	4000元	2000元	
	大堂	3000元	1800元	
	小堂	3000元	1200元	
個人會員	道士	1000元	1000元	每人
	乩士	1000元	1000元	每人
	居士	1000元	800元	每人
	信徒	1000元	800元	每人

銅鑄團體會員證書，每面10,000元，會旗每面（大）500元（小）300元整

大型印刷會徽及會員證明，每幅5000元

請將身份證影本、照片及入會申請書等資料，先行寄到本會聯絡處，待會員資格審核通過後，再通知繳費，便完成入會手續。

聯絡處：台北內湖郵政9-16號信箱　　電話：02-27997767

聯絡處：110台北市信義區基隆路二段81號4樓　　電話：02-23782407

台灣民間信仰總會

會員入會申請書

□團體 □個人 會員

申請入會日期：民國　年　月　日

姓名：

性別：

出生日期：　年　月　日

出生地：　省市　縣市

戶籍地址：

通訊地址：

聯絡電話：公：　私：　行動：

身分：□大廟 □小廟 □大堂 □小堂 □道士 □乩士 □居士 □信徒

所屬（參拜）宮廟：　區市 鎮鄉　宮堂 壇殿

擔任職務：（純粹信徒只填信徒便可）

聯絡電話：

身分證字號：

本人二吋相片二張

相片浮貼此處

本人（團體）願遵照貴會章程規定，加入 貴會為□團體□個人會員，並遵守會中一切章程所定之規例，敬請准予申請入會為禱。

謹致

社團法人台灣民間信仰總會

申請人：　（簽章）

團體：　（簽章）

會員證書號碼：

本會處理情形：

一、民國　年　月　日發給□團體□個人會員證書。

二、本件存檔。

核示：

附註

一、本表每人詳填一份蓋妥印章，連同本人二吋脫帽半身相片二張及身分證影印本一張，直接送到本會，待審核通過准許入會後，再行繳交入會費及常年會費。

二、本表資料如有更換或會員證遺失時，應隨時主動告知本會，並附送相片一張，以便辦理換發新證。

三、本會歡迎各種宗教信仰人士參加，並且竭誠歡迎各類神職人員入會，共同為台灣民間信仰努力。

國家圖書館出版品預行編目資料

神佛正傳與祭拜須知．秋之卷 / 李登財、劉還月
合著．--第一版．-- 台北市：常民文化，
2000〔民89〕
面；　公分．--（台灣風土誌；22）

ISBN 957-8491-71-9（平裝）

1．民間信仰 - 台灣　2．祭禮 - 台灣

272　　89014655

64 台灣風土誌22
神佛正傳與祭拜須知〔秋之卷〕
作者　李登財、劉還月
系列叢書策劃　台灣常民文化學會
責任編輯　黃耀瑩　校對　蔡幼璱、張碧芬、陳阿昭、黃耀瑩
發行人　劉魏銘（還月）
法律顧問　江鵬堅律師　莊柏林律師
編輯總顧問　何華仁
社務總監　吳登川　印刷顧問　蔣進興
編輯部
總編輯　劉還月
編輯　蔡幼璱、張碧芬、陳阿昭、黃耀瑩
經理部
總經理　施雲青
秘書　劉玉芳
會計．讀者服務　吳孟眞
出版發行
發行所　常民文化事業股份有限公司
110　台北市基隆路二段八十一之一號四樓
電話：(02)23782407-9　傳眞：(02)27373091
網址：www.Ping-Pu.org.tw
E-mail:folkways@ms9.hinet.net
郵政劃撥：18748668　常民文化事業股份有限公司
出版登記　北市業字第901號
印前作業　凱立國際印刷股份有限公司　電話：(02)27761201
印刷　松霖彩色印刷事業有限公司　電話：(02)22405000
總經銷　吳氏圖書公司　電話：(02)32340036（代表號）
235　台北縣中和市中正路七八八之一號五樓
定價　三九〇元
第一版第一刷　二〇〇〇年十二月
© 2000 FormosaFo lkwaysPr inti nTa iwan
ISBN 957-8491-71-9
版權所有　翻印必究
（缺漏破損或裝訂錯誤，請寄回更換）